ryan ellis
anamon
das geheimnis
der seelenverbindungen

ryan ellis

anamon

das geheimnis der
seelenverbindungen

Aquamarin Verlag

ISBN 978-3-89427-835-9
Deutsche Originalausgabe

1. Auflage 2018

© Aquamarin Verlag GmbH
Voglherd 1 • D-85567 Grafing
www.aquamarin-verlag.de

Alle Rechte vorbehalten
Umschlaggestaltung: Annette Wagner

Druck: C.H. Beck • Nördlingen

Für alle Seelen,

mit denen ich

in Liebe verbunden war,

bin und sein werde.

 Inhalt

Amsterdam		13
Prolog		17
Kapitel 1	**Das Mysterium Mensch**	25
	Du bist einzigartig	25
	Definition der Seele	29
	Dein Körper – das Zuhause deiner Seele	34
	Dein Gesicht – der Spiegel deiner Seele	43
	Deine Gedanken und Worte – Dominosteine für die Entwicklung deiner Seele	48
Kapitel 2	**Beziehungen und Verbindungen**	54
	Familie	54
	Freundschaft	60
	Partnerschaft	66
	Alleinsein	72
	Askese	77
	In der absoluten Stille deiner Seele begegnen	77
Kapitel 3	**Seelenverbindungen**	82
	Deine Seele wurde für dieses Leben ausgewählt	82
	Seelenverbindungen auf der Erde	86
	Aufgaben von Seelengruppen in verschiedenen Inkarnationen	90
	Seelenverbindungen innerhalb unterschiedlicher Dimensionen	94

	Die tiefe Sehnsucht nach einem Seelenfreund... 100
	Das Privileg einer Seelenpartnerschaft in einem Erdenleben...................................... 103
	Dualseelen.. 108
	Zwillingsseelen.. 115
Kapitel 4	**Die Entwicklung deiner Seele** 120
	Licht... 120
	Liebe.. 131
	Dankbarkeit... 136
Kapitel 5	**Dein Leben leben** 142
	Chancen für die Entwicklung deiner Seele wahrnehmen 142
	Verpasste Gelegenheiten für die Seele 147
	Angst und von außen aufgesetzte Zwänge 152
	Dazugehören – niemand sollte deine Seele zu etwas zwingen........................ 157
	Deine Seele »verkaufen« 162
Kapitel 6	**Seelenverbindungen auf der Reise durch die Ewigkeit** 169
	Meine wirkliche Seelenfamilie........................ 169
	Die Entwicklung meiner Individualseele innerhalb meiner Seelenfamilie.......................174
	Seelenverbindungen zur eigenen Seelenfamilie während der gegenwärtigen Inkarnation............................. 177
	Sensible, reife Seelen – oft ausgewählt für ganz bestimmte Aufträge........................... 182
	Das Erkennen der Muster in unserer aktuellen Inkarnation 187

Kapitel 7 **Die Seelenernte**... 192
Das Mysterium der Zeit –
alles ist vergänglich.. 192
Deine Seele am Ende deines
jetzigen Lebens 197
Dein Seelenspeicher – alles bleibt
unauslöschlich in deinem Gedächtnis 203
Das große Bedauern 212
Die Abenddämmerung 217
Die vielen Gedanken
einer alt gewordenen Seele 220
Du kannst die Zukunft deiner Seele
durch deine Gedanken steuern 227

Kapitel 8 **Der Tod und das Weiterleben deiner Seele** .. 232
Der Abschied deiner Seele
von deinem Körper 232
Das Wunder des Sterbens................................ 236
Das Zurückkehren
deiner Seele nach Hause 243
Unbeschreibliches Glücksgefühl und
Verständnis für alle Zusammenhänge............. 248
Deine Seele bleibt
mit weltlichen Seelen verbunden.................... 255
Deine neuen Seelenaufgaben.......................... 260

Epilog 266

Für jeden Menschen
kommt einmal der Zeitpunkt,
wo sich das Universum
für wenige Momente öffnet,
um uns zu zeigen,
was wahrhaft möglich ist.

Bob Dylan in »someone to stay«

 **Amsterdam**

Ryan Ellis: Zwischen Weihnachten und Neujahr 2017 habe ich einige Tage in Amsterdam verbracht. Als ich eines Abends meine Mailbox durchlas, stieß ich auf die Nachricht einer Ärztin aus dem Tessin, die mir eine berührende Geschichte im Zusammenhang mit meinem ersten Buch »sternenflüstern« geschrieben hatte.

Auch wenn Gennaro, die Hauptperson der folgenden Geschichte, der einzige Mensch gewesen wäre, bei dem mein Buch etwas ausgelöst hat, hätte sich dessen Veröffentlichung gelohnt.

Weihnachten 2017

Lieber Herr Ellis!

Es ist Heiligabend, und ich schreibe Ihnen diese Zeilen aus dem Krankenhaus.

Mein Sohn lag die letzten drei Wochen mit einer unheilbaren Krankheit auf der Palliativstation und wartete auf seinen Tod. Er sprach während dieser Zeit kaum mehr mit meinem Ex-Mann und mir, worunter wir beide sehr litten.

Als praktizierende Ärztin hat es mir fast das Herz gebrochen, meinem Sohn Gennaro in dieser ausweglosen Situation nicht helfen zu können. Unsere Familie war nie religiös, und wir glaubten immer, dass mit dem Tod alles vorbei sein wird. Auch bei Gennaro waren diese von uns vorgelebten Überzeugungen tief in seiner Seele verankert.

Je näher der Abschied für meinen Sohn kam, desto unruhiger wurde er. Er hatte verständlicherweise große Angst loszulassen.

Vor zwei Wochen hat mir eine meiner besten Freundinnen, die über die ganze Situation Bescheid wusste, Ihr Buch »sternenflüstern« geschenkt. Ich habe es in einer Nacht durchgelesen und war vom Inhalt fasziniert.

In den darauffolgenden Tagen war Ihr Buch bei meinen Spitalbesuchen mein ständiger Begleiter. Ich habe mich jeweils so nahe wie möglich neben meinen Sohn gesetzt, seine Hand gehalten und ihm immer wieder einige Seiten daraus vorgelesen. Die Wirkung auf Gennaro war erstaunlich. Er wurde von Tag zu Tag ruhiger, begann sich sogar wieder mitzuteilen, so gut es für ihn noch möglich war. Es gab sogar Momente, in denen wir abwechselnd lachen und weinen konnten. Ihre Zeilen waren wie der Türöffner zu seiner Seele.

Gestern Abend teilte er mir mit, dass er jetzt keine Angst mehr habe vor dem Sterben. Seine Seele würde weiter existieren, und wir würden uns alle irgendwann wiedersehen.

Heute konnte er loslassen. Ich denke, es war kein Zufall, dass er sich für seinen Abschied gerade die Weihnachtsnacht ausgesucht hatte.

Ich kann Ihnen und Simon nicht genug danken. Diese letzten Tage haben mein Leben und meine Einstellung zu vielen Dingen komplett verändert. Ich werde Gennaro sicher jeden Tag vermissen. Aber jedes Mal, wenn ich in den Sternenhimmel schaue, weiß ich, dass ein Stern dort oben stellvertretend für das neue Zuhause meines Sohnes steht. Danke für Ihr wunderbares Geschenk!

Prolog

Im Herbst 2016 erschien mein erstes Buch »sternenflüstern«. Ich hätte nie erwartet, dass sich so viele Menschen für die Geschichte von Simon und mir interessieren und vom Inhalt des Buches so fasziniert sein würden.

Für alle, die »sternenflüstern« (noch) nicht gelesen haben, möchte ich zu einem besseren Verständnis meine ausgeprägte Seelenverbindung zu Simon, einem Lichtwesen aus einer anderen Dimension, noch einmal kurz skizzieren.

Meine eigentliche Geschichte beginnt vor vielen hundert Jahren. Ich lebte in meiner damaligen Inkarnation zusammen mit meinen beiden Söhnen Adam und Simon in Russland. Wir waren eine einfache Familie, und meine Söhne waren der Mittelpunkt meines Lebens. Durch einen tragischen Vorfall habe ich mich damals entschieden, mein eigenes Leben zu opfern, um das meines Sohnes Simon zu retten.

Seit einigen Jahren weiß ich, dass die Seelenverbindung zwischen Simon und mir nie abgebrochen ist und wir uns somit nie wirklich getrennt haben. Wir waren in unterschiedlichen Lebenskonstellationen immer wieder zusammen inkarniert und hatten jeweils klar definierte Aufgaben zu erfüllen.

In meinem jetzigen Leben verstrich sehr viel Zeit, bis sich Simon und ich wiederfanden. Unsere Seelen sind in meiner aktuellen Inkarnation nicht gleichzeitig hier auf diesem Erdenplaneten. Ich lebe zum jetzigen Zeitpunkt eines meiner Leben, und Simon begleitet und unterstützt mich mit seinen Botschaften aus einer anderen, für uns unsichtbaren Dimension.

Bereits als Kind hatte ich spezielle Fähigkeiten, die ich über Jahre hinweg vor meinem Umfeld zu verheimlichen versuchte. Ich konnte anstehende Ereignisse oft im Detail voraussehen und wusste meist ganz genau, was andere Menschen gerade dachten oder tun wollten.

Durch entscheidende Begegnungen und Hinweise aus meinem Umfeld habe ich Simon in meinem inneren Raum wiedergefunden. Seit diesem Moment kann ich an jedem beliebigen Ort und zu jedem beliebigen Zeitpunkt mit ihm Kontakt aufnehmen. Ich habe unsere Kommunikation in meinem ersten Buch mit »sternenflüstern« bezeichnet. Der

Begriff steht in Zusammenhang mit meinem damaligen Leben in Russland. Wenn es draußen dunkel wurde, habe ich mit meinem Sohn Simon oft lange Spaziergänge unternommen. Dabei haben wir uns jeweils über sehr viele Dinge ausgetauscht. Die Nächte waren so kalt und still, dass man seinen eigenen Atem hören konnte. Die Menschen, die heute am kältesten bewohnten Punkt der Erde, in Oimjakon, im Osten Russlands, leben, nennen diese durch das Atmen entstehenden Geräusche »Eisflüstern«.

Diese seltenen Geräusche des Eisflüsterns werden von den Einheimischen auch »Sternenflüstern« genannt. Es war naheliegend für mich, diese Bezeichnung auch für meine heutige Kommunikation mit meinem Sohn Simon zu gebrauchen, eine Kommunikation, die nie abgebrochen ist und die ich in meinem jetzigen Leben zuerst wiederfinden und akzeptieren musste.

In den letzten Monaten und Jahren hat mein Kontakt mit Simon nicht nur mir, sondern auch vielen Menschen aus meinem Umfeld wertvolle Hilfe, Rat und Hoffnung übermittelt.

Nach der Publikation meines Buches »sternenflüstern« erhielt ich sehr viele Anfragen für mediale Beratungen. Ich habe mich natürlich darüber gefreut, mich aber gleichzeitig auch etwas überfordert gefühlt. Da ich durch meinen

Beruf stark ausgelastet bin, musste ich die meisten Anfragen auf eine Warteliste setzen. Ich hoffe, dieses Dilemma irgendwann sinnvoller lösen zu können.

Bei meinen Beratungen (Notfälle haben immer erste Priorität) konnte ich stets feststellen, dass Simons prägnante und klare Botschaften für viele Menschen eine große Hilfe darstellen. Dies gilt in Bezug auf Verarbeitungsprozesse, schwierige Entscheidungsfindungen oder auch bezüglich Fragen zu gesundheitlichen Aspekten in den unterschiedlichsten Lebensumständen.

Viele Menschen betrachteten ihr Leben nach der Lektüre des Buches differenzierter, und Simons Botschaften gaben ihnen oft neue Hoffnung und Mut, die anstehenden Herausforderungen in Angriff zu nehmen. Nach den vielen anerkennenden und zum Teil berührenden Rückmeldungen zu meinem Buch »sternenflüstern« fühle ich mich verpflichtet, meine Kommunikation mit Simon weiterhin möglichst vielen interessierten Menschen zur Verfügung zu stellen.

In praktisch jeder meiner Beratungen stehen die Probleme der Ratsuchenden in engem Zusammenhang mit *Beziehungen*, mit den *Verbindungen zu unseren Mitmenschen*. Wie in meinem ersten Buch beschrieben, ist im Universum alles mit allem verbunden. Wie oben, so unten; wie innen, so außen. Das bedeutet, dass sich alles in unserem Dasein innerhalb von Beziehungen, auf bestimmten Beziehungsebenen und mit von uns ausgewählten oder vorbestimmten Beziehungspersonen abspielt. Beziehungen sind nichts anderes als wichtige, zum Teil intensive Verbindungen zu anderen Wesenheiten, zu anderen Seelen, die für unsere Weiterentwicklung von enormer Bedeutung sind. Unser ganzes Sein, unsere ganze spirituelle, seelische Entwicklung dreht sich um die Qualität, die Handlungen und die dabei von uns gefällten Entscheidungen in unseren Seelenverbindungen.

Dabei werden wir seit Jahrhunderten in der Menschheitsgeschichte immer wieder mit den gleichen Überlegungen und Fragen konfrontiert.

Was haben Seelenverbindungen in einem Leben für einen Sinn? Gibt es einen Seelenpartner, ein absolut ideales Wesen, das einen anderen Menschen in allen Lebensbereichen ergänzt und ihn dadurch vollkommener macht? Ist es möglich, dass sich das aktuelle Leben durch die Bewusstmachung der Seelenverbindungen neu gestalten oder sogar völlig verändern lässt? Welchen Seelenbeziehungen kann man nicht aus dem Weg gehen, auch wenn man es gerne tun würde? Wie erkennen wir die für uns wichtigen Seelenverbindungen? Welche wichtigen Prozesse für unsere Weiterentwicklung spielen sich innerhalb unserer Seelenverbindungen ab? Welchen Einfluss haben Seelenverbindungen auf unseren seelischen, geistigen und körperlichen Allgemeinzustand, auf unsere Lebensqualität? Lösen sich entscheidende Seelenverbindungen nach einer abgeschlossenen Inkarnation auf oder existieren sie weiter?

»anamon« ist ein uraltes Wort aus der keltischen Mystik und bedeutet »Seele«, aber zugleich auch so viel wie »Lebenshauch« oder »Lebenskraft«, jene geheimnisvolle Kraft, welche die ganze Schöpfung durchdringt.

In meinem Buch beschäftige ich mich mit allen möglichen Formen von seelischen Verbindungen in dieser Welt, aber auch in jenseitigen, für viele Erdenwesen noch unbekannten Dimensionen.

Mein Sohn Simon und ich sind zwei Seelen, die durch ihre tiefe Liebe und ihr Zusammengehörigkeitsgefühl eine starke, untrennbare Seelenverbindung innerhalb des Universums aufgebaut und erhalten haben.

Seelen in Seelenverbindungen dieser Art werden vom Universum oft als Kämpfer und Verbreiter des göttlichen Lichts eingesetzt. Sie unterstützen die Menschheit mit dem uralten Wissen aus der *Anima mundi* (Weltseele) und fungieren in diesem Zusammenhang als Boten zwischen zwei unterschiedlichen Dimensionen. Dadurch helfen sie in der jetzigen Zeit den Erdenwesen, neue Erkenntnisse über ihre Seelen und deren Entwicklung zu gewinnen oder wieder neu zu entdecken.

Während Sie diese Zeilen lesen, haben Sie unbewusst bereits eine geistige Verbindung zu Simon und mir hergestellt. Sie entscheiden selbst, was Sie aus dieser neu entstandenen Seelenverbindung und den in diesem Buch übermittelten Botschaften für Ihr ganz persönliches Leben, für Ihre individuelle, einzigartige Seele und deren Entwicklung mitnehmen möchten.

Mit Hilfe von Simons Botschaften aus einer anderen Dimension lade ich Sie ein, sich mit mir auf die Suche nach dem großen Geheimnis der Seele und unseren Seelenverbindungen zu begeben. Finden und erkennen Sie im aktuellen Erdenleben die für Sie entscheidenden positiven und negativen zwischenmenschlichen Beziehungen, die alle untrennbar zu Ihrer Seele und deren Entwicklung gehören. Durch eine gezielte Bewusstmachung, ein umfassenderes Wissen und dem Treffen von positiven Entscheidungen wird Ihre Seele schneller reifen. Damit kann sie auf ihrer unendlichen Reise durch das Universum mehr Liebe, Geborgenheit und Harmonie erfahren und somit schneller ins Licht zurückfinden.

Ryan Ellis

Lebe die Werte,
nach denen du
auserwählt wurdest,
und du wirst
die Welt bewegen.

Heilige Katharina von Siena

Kapitel 1

Das Mysterium Mensch

 Du bist **einzigartig**

»Du wirst auf diesem Planeten keinen weiteren Menschen finden, der das gleiche Aussehen, die gleichen Fähigkeiten und Begabungen und die gleiche Persönlichkeit hat wie du. Eure Wissenschaftler begründen diese unterschiedliche Andersartigkeit mit der Genforschung und bezeichnen das Phänomen mit dem Begriff *genetische Andersartigkeit*.

Wenn ich von Einzigartigkeit spreche, beziehe ich mich nicht bloß auf das unterschiedliche körperliche Aussehen, das euch äußerlich alle voneinander unterscheidet. Ich spreche von Einzigartigkeit in Bezug auf deine Individualseele.

Es existieren keine zwei Seelen, die den gleichen Lebensplan haben oder in einer bestimmten Situation zum gleichen Zeitpunkt eine identische Erfahrung machen werden.

In jeder einzelnen Seele manifestiert sich die universale (göttliche) Welt. Jedes universelle Wesen sammelt während und zwischen seinen Inkarnationen unzählige Erfahrungen, die die Seele abspeichert und die sie auf eine ganz bestimmte Art und Weise prägt. Die Seele ist somit das Intimste, was im ganzen Universum existiert. Du hast deine eigene, nur zu dir gehörige Seele, die dich auf all deinen Reisen und Experimenten im Universum und auf deinen verschiedenen Inkarnationen begleiten wird. Ohne deine Seele gäbe es für dich keine Existenz. Ohne deine Seele wäre es dir nicht möglich, Erfahrungen zu sammeln und dich weiterzuentwickeln. Ohne deine Seele würdest du all die Zusammenhänge im Universum niemals verstehen können.

Dich beschäftigt vielleicht gerade der Gedanke daran, dass du als Einzelseele völlig isoliert deine verschiedenen Inkarnationen durchleben musst und dabei immer auf dich alleine gestellt bleiben wirst. Das ist natürlich nicht so. Du wirst immer Teil einer Gruppenseele und diese wiederum Teil einer universalen, göttlichen Seele bleiben. Somit bist du immer mit der ursprünglichen Seelenquelle verbunden, in die du nach deinen gemachten Erfahrungen irgendwann auch wieder zurückkehren wirst.

Weshalb hat sich deine Seele zu einer Individualseele entwickelt?

Du machst als Einzelseele in deiner Seelenentwicklung sehr viele persönliche Erfahrungen, die alle wieder in deine Gruppenseele zurückfließen. Dadurch können alle anderen Seelen deiner zugehörigen Seelenfamilie davon profitieren. Du machst deine guten und schlechten Erfahrungen nicht nur für dich allein, sie kommen alle auch deiner Gruppenseele zugute. Je nach Stand deiner Entwicklung bist du demzufolge auch weniger oder mehr von deiner Gruppenseele abhängig.«

Die Seele ist wie
ein Wassertropfen,
der aus dem Meer stammt
und wieder ins Meer
zurückfließen wird.

 ryan ellis

Definition der **Seele**

Ryan Ellis: Wikipedia führt für den Begriff »Seele« zwei unterschiedliche Definitionsbereiche auf, die Seele im Zusammenhang mit der Psyche (alles Denken, Fühlen und Empfinden eines Menschen) und die Seele im Zusammenhang mit der Religion (der körperlose, unsterbliche Teil eines Menschen).

Im Alltag gebrauchen wir das Wort Seele oft, ohne uns darüber viele Gedanken zu machen, zum Beispiel in vielen Redewendungen: *Die Augen sind der Spiegel der Seele. Die beiden sind ein Herz und eine Seele. Sich alles von der Seele reden* oder *seine Seele verkaufen*.

Haben Sie sich persönlich schon einmal ernsthaft damit auseinandergesetzt, was der Begriff Seele für Sie bedeutet? Haben Sie eine klare und vielleicht unumstößliche Vorstellung davon? Für die meisten Menschen ist es sehr schwierig, sich etwas so Abstraktes wie die Seele plastisch vorstellen zu können.

Jede Kultur verfügt über eine etwas andere Auffassung, was die Definition der Seele betrifft. Viele Wissenschaftler zweifeln an ihrer Existenz. Forscher, die sich mit Nahtod-Erfahrungen beschäftigen, schließen das Vorhandensein und die Unsterblichkeit einer Seele aber nicht aus.

Platon vertrat die Meinung, dass Körper und Seele zwei voneinander getrennte Instanzen sind, wobei die Seele auch nach dem Tod weiterhin existiert. In den Übersetzungen der alten Sprachen hat die Seele praktisch immer die Bedeutung von »Atem« oder »Lebenshauch«. Das bedeutet, dass der Körper erst mit der Seele atmen kann, also lebensfähig ist. Ist die Seele folglich unsere Lebensessenz? Besitzt sie so etwas wie einen biologischen Code, der einen Körper überhaupt erst lebensfähig macht? Viele Menschen haben schon erlebt, dass es ihnen mental ganz schlecht ergangen ist, ein Arzt bei einer Konsultation aber keine körperlichen Ursachen dafür finden konnte. Die Probleme lagen im seelischen Bereich.

Die Seele hat nach Auffassung der Wissenschaft nicht zwingend etwas mit Religion zu tun. Sie wird als Gesamtheit der Gedanken, Gefühle und Wahrnehmungen bezeichnet. Seit mehr als fünfzig Jahren ist bekannt, dass die Funktionen der Seele mit den unterschiedlichen Mechanismen des Gehirns in Verbindung stehen. Die Seele ist aber meiner Meinung nach sicher weit mehr als nur »Geist«.

Immer wieder wird von Ärzten, Pflegepersonal oder Angehörigen berichtet, dass beim Sterben nebelartige Dunstmassen aus dem Körper ausgetreten sind, die sich zu einer Art Seelenkörper formiert haben. Der Arzt Baraduc hat dieses Phänomen bereits im Jahre 1908 nach dem Tod seines Sohnes fotografiert.

Der britische Kernphysiker und Molekularbiologe Jeremy Hayward von der Universität Cambridge hat in einer wissenschaftlichen Fachzeitschrift veröffentlicht:

»Manche durchaus noch der wissenschaftlichen Hauptströmung angehörende Wissenschaftler scheuen sich nicht mehr, offen zu sagen, dass das *menschliche Bewusstsein* neben Raum, Zeit, Materie und Energie eines der Grundelemente der Welt sein könnte.« Das würde bedeuten, dass sich Naturwissenschaften und Religionen immer mehr zusammenschließen müssten, um sich gemeinsam mit solchen Fragen wie »Was ist die Seele« zu beschäftigen.

»Ein Körper ist erst lebensfähig, wenn eine Seele in ihn eingedrungen ist. Die Seele kann als kleinste Einheit einer universellen oder kosmischen, göttlichen Seele betrachtet werden. Sie ist ein Fragment eines Ganzen, das unsterblich ist und einer ständigen Entwicklung unterliegt. Sie birgt die Urintimität in sich und beinhaltet alles göttliche Wissen.

Jede Seele versucht, während einer Inkarnation bestimmte universelle Gedanken zu verwirklichen.

Alle Seelen stehen immer miteinander in Verbindung. Jede Einzelseele ist ein Teil des Ganzen. Sobald die Seele in einen Körper inkarniert, geht dieses Urwissen verloren. Das führt dazu, dass sich die Seele während einer Inkarnation als getrennt vom Ganzen fühlt und alles unternimmt, um sich wieder mit der universalen, göttlichen Seele zu verbinden.

Jedes Wesen hat eine Seele oder, besser ausgedrückt, IST Seele, egal ob es daran glaubt oder nicht. Die Seele bleibt nach dem Tod bestehen. Sie kann immer wieder in neuen Körpern unterschiedlichen Geschlechts inkarnieren, um bestimmte Aufgaben zum Wohle aller zu erfüllen, oder sie erhält die Möglichkeit, sich im Universum weiter zu entwickeln.

Einfacher ausgedrückt, ist die Seele eine Hand in einem Handschuh. Der Handschuh stellt den Körper dar. Er wird innerhalb eines Lebens stark abgenutzt, und irgendwann ist er derart verbraucht, dass du ihn nicht mehr verwenden kannst. Beim Sterben lässt du den Handschuh (deinen Körper) zurück, aber die Hand selber (deine Seele) ist frei und existiert weiter.

Es gibt Erdenmenschen, die durch große Erfahrungen aus vielen Inkarnationen zu einer hochentwickelten Seele herangereift sind. Wenn du dich sehr für spirituelle Themen interessierst, könnte das darauf hinweisen, dass du schon eine ältere Seele mit vielen Inkarnationserfahrungen bist. In diesem Fall bist du sensibler, weiser und verletzlicher und fühlst dich oft von den anderen Erdenmenschen nicht wirklich verstanden.«

Dein Körper
– das Zuhause deiner Seele

»Für jede neue Inkarnation sucht sich deine Seele einen passenden Körper aus, der dazu geeignet ist, deine dir vorgenommen Lebensaufgaben bestmöglich umzusetzen. Du hast dich also für dein jetziges Aussehen bereits vor deinem Eintritt in dein Erdenleben entschieden, auch wenn du heute damit unzufrieden bist und vielleicht gerne anders ausschauen möchtest. Dein Körper, respektive deine äußerliche Erscheinung, hat also sehr viel mit deinen zu erfüllenden Aufgaben während deines jetzigen Lebens zu tun.

Auf eurem Erdenplaneten scheint ein perfektes Aussehen über allem zu stehen und das absolut Wichtigste zu sein. Wer ein makelloses Gesicht und einen durchtrainierten Körper vorzuzeigen hat, der wird bewundert und macht Karriere. Für diese Äußerlichkeiten werden viele Opfer gebracht, von stundenlangem Training über ganz bestimmte Essgewohnheiten bis hin zu Schönheitsoperationen. Nichts scheint einigen Menschen zu viel und teuer genug zu sein, um mit ihrem Aussehen zu glänzen.

Egal wie dein Körper aussieht. Er ist ein wunderbares Phänomen. Er trägt deine Seele durch ein ganzes Leben, kann sich vor Viren und Bakterien selber schützen und heilt die schwersten Verletzungen. Deshalb muss an dieser Stelle gesagt werden, dass du für deinen Körper Sorge tragen musst. Du hast es in der Hand, wie sich dein Körper während deiner Lebenszeit entwickelt und wie du mit seinem vorhandenen Potenzial umgehst.

Jeder menschliche Körper ist schön, weil er nach deinen eigenen Wünschen geformt worden ist. Vielleicht ist es dir nicht bewusst, aber es ist ein großes Privileg, ein Erdenleben in einem Körper verbringen zu dürfen. Ohne Körper könntest du die lineare Zeitabfolge und den Raum nie erleben, würdest du nie wissen, welche Sinne für deine geistige Entwicklung als Mensch eine entscheidende Rolle spielen.

Dein Körper ist während des Erdenlebens dein Zuhause. Es ist das einzig wirklich reale Zuhause, das du auf der Reise durch das Universum für eine bestimmte, für dich vorgesehene und an deine Aufgabe angepasste Zeit zur Verfügung hast.

Zwischen deinem Körper und deiner Seele besteht eine geheimnisvolle Beziehung. Oft ist eine fast schon unheimliche Übereinstimmung zwischen der Seele und der Form der körperlichen Präsenz ersichtlich. Folglich kannst du vom Körper eines Erdenmenschen auf seine Seele Rückschlüsse ziehen. Dies gelingt vor allem sensibleren Menschen sehr gut. Aus diesem Grund möchte ich dich noch einmal darum bitten, mit deinem Körper stets verantwortungsvoll umzugehen.

Während eines Erdenlebens steht bei vielen Menschen leider nicht mehr die Seele, sondern oft nur noch der Körper im Zentrum. Obwohl der Körper im Gegensatz zur Seele der Schwerkraft unterworfen ist, also schwerfälliger und langsamer auf persönliche Entwicklungen reagiert als die Seele, glauben viele Erdenmenschen, dass sie das Spiegelbild ihres Körpers sind und folglich nur aus ihrem Körper bestehen. Diese Denkweise führt bei vielen Menschen zur Schlussfolgerung, dass man nach dem körperlichen Tod nicht mehr existiert.

In jeder zeitlichen Epoche der Vergangenheit spielte auch die mit Körper und Seele verbundene Sexualität eine entscheidende Rolle in der Gesamtbetrachtungsweise eines menschlichen Wesens. Unterschiedliche Kulturen und Religionen haben sich herausgenommen, Menschen anhand ihrer sexuellen Aktivitäten negativ zu fixieren, zu verachten oder sie dafür sogar zu bestrafen. Die Sexualität wurde und wird immer noch oft dazu benutzt, den Menschen zu drohen, sie unter Kontrolle zu halten und ihnen Angst einzuflößen, dass durch gewisse sexuelle Handlungen eine potenzielle Gefahr für ihr Seelenheil bestehe. Verschiedene

Religionen haben in der Vergangenheit den Körper als das Zuhause der Seele zu wenig oder gar nicht in ihre Dogmen einbezogen und beide Teile isoliert betrachtet. Dadurch wurden viele Menschen grundlos sehr ungerecht behandelt und haben sogar mit dem Tod dafür bezahlen müssen.

Die Sexualität ist vom Universum für eine Inkarnation eingeplant und ist somit fester Bestandteil eines Erdenlebens. Eine Kehrseite davon ist die negativ gelebte Sexualität, die auf die eigene Seele und die Seelen aller Betroffenen schlimme Auswirkungen haben kann. In dieses Kapitel gehören sexuelle Ausbeutung und Übergriffe an unschuldigen Frauen, Männern und Kindern.

Ein negativer und menschenunwürdiger Umgang mit der körperlichen Energie erzeugt für die direkt Betroffenen unerträgliches Leid und ein großes, negatives Seelenkarma. Bei einer negativ gelebten Sexualität wird Körper *und* Seele Schaden zugefügt. Das Zuhause der Seele wird durch die falsch ausgelebte Sexualität nicht respektiert. Ein körperlicher Missbrauch ist deshalb auch ein direkter Angriff auf die Seele. Die dadurch entstehenden Auswirkungen bleiben unauslöschlich im Gedankengut eines Wesens bestehen. Es kann vorkommen, dass Wesen, denen so etwas zugestoßen ist, mehrere Inkarnationen durchleben müssen, bis wieder ein harmonischer Einklang zwischen ihrer Seele und einem menschlichen Körper hergestellt werden kann.

Die an den Körper gekoppelte Sexualität ist an sich aus dem Verständnis unserer Dimensionen heraus etwas Wichtiges und Wertvolles, dient sie doch in erster Linie der Arterhaltung. Sie bietet zudem der Seele die wichtige Möglichkeit, eine Inkarnation in einem menschlichen Körper zu durchleben.

Alles, was aus Liebe und auf der Basis gegenseitigen Einvernehmens der Beteiligten in diesem körperlichen Bereich geschieht, hat keinerlei negativen Einfluss auf deine Seele.

Neben der Arterhaltung hat die Seele die Tendenz, sich mit dem Ursprung, der Urseele, zu verbinden. Dies ist der große und tief in den Seelen verankerte Wunsch nach Einssein mit einer anderen Seele, das sich die Menschen mittels Sexualität auf der rein physischen Ebene erfüllen können. Dabei ist es nicht von grundlegender Bedeutung, ob ein Erdenwesen durch eine sexuelle Vereinigung zugleich auch bereit ist, eine seelische Verbindung einzugehen.

Dennoch hinterlässt jede körperliche Vereinigung von zwei Menschen in jeder Seele Spuren. Um zu einer respektvollen und befriedigenden Sexualität zu gelangen, die Körper und Seele der Beteiligten in harmonischen Einklang bringen, bedarf es einer gewissen seelischen Reife. Diese muss man sich durch Respekt und vor allem durch Verständnis und Liebe verdienen.

Dein Körper spielt also im Bereich der Sexualität eine ganz entscheidende Rolle. Er hat eine nicht unbedeutende Auswirkung auf deine geistig-seelische Entwicklung. Dein ganzes Innenleben, die Intimität deiner Seele sehnt sich danach, einen äußeren Spiegel zu finden. Die Seele wünscht sich im Äußeren eine Form, in der sie gefühlt, gesehen und berührt werden kann. Deine Seele wird also durch die Erscheinung deines Körpers nach außen gebracht. Der Körper kann nicht lügen und besitzt eine stark ausgeprägte Intelligenz. Alles, was du tust, erfordert eine in hohem Maße aufeinander abgestimmte Zusammenarbeit all deiner Fähigkeiten. So gesehen, ist der menschliche Körper die harmonischste Ganzheit. Oft wird dir erst durch die Erfahrung einer schweren, unheilbaren Krankheit schmerzhaft bewusst, wie kostbar dein Körper für diese Inkarnation ist.«

Ryan Ellis: Es wäre leichtfertig, anzunehmen, wir hätten mit anderen Menschen viele körperliche oder seelische Gemeinsamkeiten. Es ist so, dass jeder Erdenmensch in seiner eigenen, vollkommen individuellen Welt lebt. Wir sind alle unterschiedliche Wesen, mit unterschiedlichen Körpern und Gesichtern und mit einem jeweils unterschiedlichen Entwicklungsstand unserer Seele. Wir sind schon rein deswegen verschieden, weil jeder von uns während einer Inkarnation in einem anderen Körper wohnt.

Hat jemand aus meinem Umfeld eine schwere Operation vor sich oder ist mit einer niederschmetternden Diagnose konfrontiert, empfehle ich der Person, mit dem kranken Teil des Körpers zu sprechen, um dadurch Körper und Seele miteinander in Verbindung zu bringen. Bei dieser Kommunikation soll die Seele den Körper um Verzeihung bitten, was sie ihm unter Druck alles zugemutet hat, und ihm aber auch dafür danken, was er in dieser Inkarnation bereits schon alles für sie geleistet hat.

Alles, was Sie Ihrer Seele eingeben oder was aus Ihrer Seele stammt, versucht sich zu verwirklichen. Es braucht dazu lediglich eine gute Vorstellungskraft. Diese Vorstellungskraft können Sie sich durch Training aneignen. Sie werden staunen, welche positiven Resultate dadurch an und in ihrem Körper erzielt werden können.

Durch den gegenseitigen Einfluss von Seele und Körper lassen sich mit dem universellen Wissen der Seele auch schwere Krankheiten wieder vollständig oder teilweise heilen. Denken Sie daran, dass Krankheiten immer im Zusammenhang mit unserem Denken, unseren Erlebnissen und täglichen Handlungen stehen. Krankheiten haben auch immer etwas mit unseren Seelenbeziehungen zu tun.

Eine der ältesten Meditationen besteht darin, Licht einzuatmen, dieses Licht in unserem Körper genau dorthin zu lenken, wo sich die Krankheit bemerkbar macht und dann beim Ausatmen alles, was dem Körper schadet, wieder auszuscheiden. Somit können die kranken Körperbereiche, die wir vernachlässigt oder durch unser falsches Verhalten beschädigt haben, mit Licht von innen wieder repariert werden. Ihr Körper kennt Sie sehr genau. Er weiß vom Zeitpunkt seiner Entstehung her, was für ein großes Privileg es für Ihre Seele ist, ein Leben in einem Körper verbringen zu dürfen, der vom Universum bis ins kleinste Detail geplant worden ist. Deshalb wird er alles daran setzen, sich selber wieder zu reparieren und zu heilen.

In unserer Seele sind alle Erinnerungen und sämtliche gemachten Erfahrungen all unserer Leben gespeichert. Somit hat auch der Körper darauf Zugriff. Die Seele liegt also nicht einfach abgekapselt irgendwo isoliert in uns versteckt. Sie bildet während unserer Inkarnation zusammen mit unserem Körper eine Einheit. Nutzen Sie gerade bei schwerwiegenden Krankheiten dieses riesige Potenzial ihrer Seelenerfahrungen.

Man muss dem Körper
Gutes tun,
damit die Seele Lust hat,
darin zu wohnen.

 Sir Winston Churchill

Dein Gesicht
– der Spiegel deiner Seele

»Für jede neue Inkarnation sucht sich deine Seele für deine zu lösenden Aufgaben nicht nur einen dafür geeigneten Körper, sondern auch das dazu perfekte Gesicht.

Die Erschaffung deines Gesichts ist die Krönung des menschlichen Körpers.

Mit der Formung des Gesichts kommt die unendliche Weisheit des Universums zum Ausdruck. Im menschlichen Gesicht wird die Anonymität des Universums zur Intimität einer einzelnen Seele. Deine Seele erhält ein ureigenes Gesicht, das es kein zweites Mal in dieser Art und Zusammensetzung geben wird. Es ist einmalig und einzigartig. So gesehen, ist dein Gesicht eine absolut geniale Leistung des Universums für den Eintritt in deine neue Inkarnation.

Hast du einen Erdenmenschen für eine sehr lange Zeit nicht mehr gesehen, stellst du dir vor deinem geistigen Auge zuerst das Gesicht des Wesens vor. In diesem Gesicht liegt alles, was dich mit diesem Erdenmenschen verbindet.

Das Gesicht ist somit der vollkommene Ausdruck der Seele. In deinem Gesicht ist das Abbild des Universums zu sehen. Schaust du jemandem ins Gesicht, erlaubt er dir, einen Blick in sein Leben zu werfen. Das Gesicht zeigt dir die innere Welt des Erdenmenschen, den du gerade betrachtest. Es ist eine Art sichtbare Autobiografie einer einzelnen Seele.«

Ryan Ellis: Die Gehirnforschung zeigt auf, dass unser Gehirn beim Betrachten eines Gesichts eine Meisterleistung vollbringt. Offenbar genügen dreizehn Millisekunden, um zu entscheiden, ob wir jemanden schön oder begehrenswert finden, und nur ein paar Sekunden mehr, um bei unserem gegenüber Charaktermerkmale wie Vertrauenswürdigkeit, Dominanzstreben oder Aggressivität zu erkennen.

Anscheinend haben wir diese Fähigkeiten schon seit Urzeiten. Wir benutzten sie damals, um blitzschnell entscheiden zu können, ob jemand für uns ein Freund oder ein Feind war.

Einer ausgebildeten Psycho-Physiognomikerin stehen fast 300 Merkmale zur Verfügung, um sich über eine Persönlichkeit Klarheit zu verschaffen. Um den »Gesichtscode« zu entschlüsseln, werden die Merkmale zueinander in Beziehung gebracht. So sind bei der Charakterisierung eines Menschen Dinge wie Gesichtsform, Augen, Nase, Ohren,

Zähne, Mund, Kinn und Stirn ausschlaggebend für eine erste Gesamtbeurteilung.

Aus taoistischer Anschauung ist es auch möglich, die Potenziale aus dem Gesicht eines Menschen zu erkennen.

»Die Augen sind das Wichtigste in deinem Gesicht. Sie werden von euch Erdenmenschen allgemein als der »Spiegel der Seele« bezeichnet. Sie verbinden die unbewusste Welt mit der bewussten. Du stellst dir etwas in deinen Gedanken vor und kannst mit deinen Augen sehen, wie es sich in Realität umsetzt. In deinen Augen können geschulte Mitmenschen auch jederzeit deinen Bewusstseinszustand entdecken. Menschen mit einer starken intuitiven Gabe merken in deinen Augen sofort, ob du traurig bist oder lügst. Du kannst es ihnen nicht verheimlichen, auch wenn du dich noch so sehr darum bemühst. Anhand deiner Augen wissen sie in Sekundenschnelle, wie es wirklich in dir aussieht.

Du kannst dein Gesicht nie ganz verstecken. Wie intensiv du dich auch anstrengst, deine private Lebensgeschichte vor bestimmten Menschen geheimzuhalten, dein Gesicht wird sie verraten. In deinem Gesicht findet sich immer der vollkommene Ausdruck deiner Seele. Jedes Mal, wenn du jemanden ansiehst, bietet sich dir die Chance, einen tiefen Blick in die Ganzheit seines Lebens zu werfen.

Je nach positivem oder negativem Zustand deiner ständigen Gedanken haben die energetischen Auswirkungen einen gewaltigen Einfluss auf dein Erscheinungsbild und beeinflussen dieses sichtbar. Je mehr du mit deiner Seele kommunizierst und aus dem seelischen Verstand heraus handelst, desto stärker wird deine positive Ausstrahlung. Deine Augen leuchten von innen heraus, und man wird dich als ausgeglichen und schön bezeichnen. Du wirst selbstbewusst und ziehst auch solche Erdenmenschen an.

Dein Gesicht birgt etwas Geheimnisvolles in sich. Durch dein Gesicht zeigst du der anonymen Außenwelt deine ganz persönliche, private, innere Welt. Bei vielen Erdenmenschen sind die Wunden aus früheren Erdenleben oder Narben aus der jetzigen Inkarnation noch nicht vollständig geheilt. Dies widerspiegelt sich im Gesichtsausdruck. Es gibt Erdenmenschen, die haben verbitterte Gesichtszüge und strahlen Freudlosigkeit und Resignation aus. Ihr Gesicht wird mit der Zeit zu einer Maske, hinter der sich die wirkliche Seele versteckt hält, respektive sich wie gefangen fühlt.

Es gibt aber im Gegenzug auch Gesichter mit vielen tiefen Falten und Furchen, die bei diesen Menschen durch das Vergehen der Zeit und ihre dabei gemachten Erfahrungen entstanden sind. Dennoch haben solche Wesen meist eine unglaubliche Ausstrahlung. Dies liegt daran, dass sie zwar ein mühsames, hartes Leben mit vielen Schicksalsschlägen erfahren mussten, aber es dennoch geschafft haben, das Licht ihrer Seele zu erhalten. Aus diesen Gesichtern strahlt euch Zuversicht und Liebe entgegen, und ihr bewundert diese Erdenmenschen und habt großen Respekt vor ihnen.

Was du auch unternimmst – dein Gesicht zeigt den anderen Erdenbewohnern immer, wer du wirklich bist und was du in deinem jetzigen Leben aus dir gemacht hast.«

Deine Gedanken und Worte – **Dominosteine für die Entwicklung deiner Seele**

Ryan Ellis: Gemäß zahlreichen Untersuchungen und Studien denken wir an einem Tag etwa 60.000 Gedanken. Davon sind lediglich 5%, also nur ungefähr 3000, für unser Leben positiv und aufbauend.

Ein Viertel von diesen 60.000 sind Gedanken, die Ihnen und den Menschen, mit denen Sie zu tun haben, schaden. Es sind Feststellungen, respektive Wertungen, die Sie unbewusst denken oder aussprechen wie: »Diese Person ist unmöglich gekleidet«, »der ist zu dumm, um das zu verstehen« oder »die wird es nie im Leben zu etwas bringen«. Mit derartigen Aussagen urteilen Sie nicht nur über andere, Sie verurteilen sich damit indirekt selbst.

Zu den noch verbleibenden 70% unserer täglichen Gedanken gehören diejenigen, die wir flüchtig denken und von denen wir meinen, sie hätten eigentlich gar keine Auswirkung auf uns: »Es regnet schon wieder«, »hoffentlich bin ich morgen rechtzeitig an meinem Arbeitsplatz«, »die sieht aber gut aus« oder »was für ein cooler Haarschnitt«.

Diese Zahlen aus den vorliegenden Studien machen uns deutlich bewusst, dass wir unsere Gedanken besser kontrollieren sollten, um dadurch unser Leben mit einer gewissen Nachhaltigkeit positiv zu verändern.

Sämtliche Gedanken beinflussen unser Verhalten und Handeln. Unsere Verhaltensweisen und Handlungen bestimmen, wie wir vom Umfeld wahrgenommen werden und was wir dadurch von ihm zurückerhalten. Die Qualität unserer Gedanken bestimmt unser Wohlergehen und somit unser Leben. Auf diese Art und Weise sind wir die Architekten unseres eigenen Lebensverlaufs.

Wenn Sie sich dazu entscheiden, im JETZT zu leben, keine Gedanken mehr an eine negative Vergangenheit oder eine angsteinflößende Zukunft zu verschwenden, werden sich Ihre unbewussten und negativen Gedanken reduzieren. Aber es wird eine harte Disziplin von Ihnen erfordern, denn diese Erkenntnis ist schwer umzusetzen.

Versuchen Sie, möglichst keine Zukunftsängste zu entwickeln. »Reicht mein Einkommen nach meiner Pensionierung?« »Was mache ich, wenn ich mal nicht mehr alleine leben kann und auf fremde Hilfe angewiesen bin?« oder »Hoffentlich werde ich nie unheilbar krank«. Alles, wovor Sie Angst haben, wird größer und mächtiger, je mehr Sie ihre Gedanken darauf projizieren. Sie ziehen das, wovor

Sie sich fürchten, dadurch unbewusst immer stärker in Ihr Leben. Denken Sie immer daran, dass Ihre Seele einen Lebensplan erstellt hat, bevor Sie hier inkarniert sind. Alles, was Sie jetzt und in Ihrer Zukunft benötigen, wird Ihnen vom Universum zur Verfügung gestellt. Sie werden niemals alleine gelassen. Je mehr es Ihnen gelingt, positive Gedanken auszusenden, also je mehr Sie bewusst an die Unterstützung aus dem Universum glauben, desto leichter werden Sie widrige Lebensumstände in den Griff bekommen und zu Ihren Gunsten verändern können.

»Du erschaffst in deiner Inkarnation eine eigene Lebensqualität mit Hilfe deiner Gedanken. Die Gedanken sind wie Dominosteine. Ein unbewusster Gedanke stößt den nächsten Gedanken an und dieser wiederum den nächsten. Der erste Anstoß löst eine Kettenreaktion aus. Somit hat schon der allererste Gedanke einen entscheidenden Einfluss auf die Auswirkungen aller folgenden Ereignisse. Dein Leben ist wie ein Dominospiel. Jeder deiner Gedanken, jedes deiner Worte und jede deiner Handlungen bewirkt, dass ein weiterer Stein fällt.

Aus diesem Grund ist eine bewusste Gedankenkontrolle so wertvoll für dich und für dein gesamtes Umfeld. Wenn du deine Gedanken einfach so fließen lässt und sie weder bewusst wahrnimmst noch kontrollierst, wirst du sie sehr bald nicht mehr im positiven Sinne für dich nutzen können.

Du wirst mit deinen oft negativ besetzten Gedanken deine Seele und deinen Körper immer mehr verletzen und vielfach ähnliche Erdenmenschen anziehen.

Die meisten von euch sind sich nicht annähernd darüber bewusst, dass Gedanken eine unglaubliche Macht besitzen. Sie haben nicht nur großen Einfluss auf euer persönliches Wohlergehen und auf eure nächsten Schritte zur Erfüllung eurer Lebensaufgaben, sondern auch auf die Qualität eurer Beziehungen zu anderen Erdenmenschen.

Alles, was jemals im Universum erschaffen wurde, war zuerst ein Gedanke. Gedanken sind hochenergetische und komplexe Gebilde mit einer sehr großen Tragweite. Das Universum hat dir eine unglaubliche Macht mit in dein Erdenleben gegeben. Du hast einen freien Willen und kannst deine Gedanken selber bestimmen. Es ist vielen Erdenmenschen auch nach Jahrhunderten immer noch nicht bewusst, dass sie ihr jetziges Leben und die Basis für alle weiteren Entwicklungsschritte mit genau diesem wichtigen Instrument selber in die Hand nehmen und steuern können.

Du erlebst die Auswirkung der Gedanken von dir und anderen in jeder einzelnen Sekunde, auch wenn du das meist nicht wahrnehmen kannst. Der Gedanke ist das Samenkorn aller Dinge. Ohne den entsprechenden vorausgehenden Gedanken ist weder ein Wort noch die kleinste Bewegung oder irgendeine Handlung möglich.

Erdenmenschen, die über das universelle Gesetz der Macht der Gedanken Bescheid wissen, bündeln und steuern ihre Gedanken ganz bewusst und fassen diese in wohlüberlegte Worte. So entstehen Worte, die unmittelbare Handlungen nach sich ziehen und ganz konkrete positive oder negative Auswirkungen auf das Umfeld haben.

Werde nicht zu einer Marionette deiner negativen Gedanken. Sei dir immer bewusst, dass du deine weiteren Lebensschritte und das Schicksal deiner Seele weitgehend durch deine Gedanken, Worte und Handlungen beeinflussen kannst.«

 Das Leben ist wie ein Dominospiel.
Jeder deiner Gedanken, jedes deiner Worte und jede deiner Handlungen bewirkt, dass ein weiterer Stein fällt.
Somit hat bereits ein erster Gedanke einen entscheidenden Einfluss auf die Auswirkung aller folgenden Ereignisse.

ryan ellis

Kapitel 2

Beziehungen und Verbindungen

 **Familie**

Ryan Ellis: In Anlehnung an *Petzold*, Psychologe und Professor für Psychologie, unterscheidet Jungbauer in »Psychologie kompakt« verschiedene Definitionen im Zusammenhang mit dem Begriff »Familie«. Drei von ihnen möchte ich an dieser Stelle zusammenfassend erwähnen.

Bei der *rechtlichen Definition* steht die Familie unter besonderem Schutz des Staates. Der rechtliche Elternstatus kann entweder biologisch oder durch eine Adoption erworben werden. Seit einigen Jahren gibt es auch für gleichgeschlechtliche Paare die Möglichkeit, eine der Ehe in vieler Hinsicht gleichgestellte Lebenspartnerschaft einzugehen. Nach dieser Definition fallen familiäre Lebensformen, zum Beispiel bei unverheirateten Paaren, im juristischen Sinn nicht unter den Begriff Familie.

Die *biologische Definition* der Familie orientiert sich an der Blutsverwandtschaft. Dazu gehören nicht nur die Eltern und Geschwister, sondern auch die Großeltern, Onkel, Tanten, Cousins und so weiter. Hier ist der Grad der Verwandtschaft maßgeblich für die Zugehörigkeit zur Familie. Bei geschiedenen Paaren, Patchwork-Familien oder einem anonymen Samenspender ist aber diese biologische Definition unzureichend.

Die *psychologische Familiendefinition* ist am flexibelsten, weil sie von den oben aufgeführten Kriterien unabhängig ist. Sie umfasst einen sehr breiten Familienbegriff und schließt auch unverheiratete Partner mit und ohne Kinder und Patchwork-Familien nicht aus. Nach der psychologischen Familiendefinition ergeben sich vielfältige Familienkonstellationen aller Art, die als Familie bezeichnet werden können. Dazu gehören auch Wohngemeinschaften erwachsener Personen, sofern sie sich in diesem Zusammenhang selbst als Familie bezeichnen.

»Nach einer neuen Inkarnation deiner Seele in einen Körper erwartet dich auf dem Erdenplaneten im Normalfall eine »Familie«. Das bedeutet für dich, dass du zu jemandem oder zu einer Gruppe von Menschen gehörst, die dich schon sehnsüchtig erwartet haben und sich deshalb sehr über deine Geburt freuen. Auch wenn sich bei deiner Ankunft auf der Erde nur eine einzige Person um dich gekümmert hätte, wäre diese Person deine Familie. Du bist in deinen ersten Lebensjahren auf diesem Planeten nicht lebensfähig ohne die Unterstützung anderer, weil du zu Beginn vollkommen hilflos bist und dich weder selbst verpflegen noch gehen oder sprechen kannst.

Als du mit den Lichtwesen in unseren Dimensionen dein neues Leben plantest, hast du dir deine weltliche Familie sehr genau ausgesucht. Deine Eltern und Geschwister besitzen exakt die Eigenschaften und Voraussetzungen, durch die du deine Lebensaufgaben möglichst gut erfüllen kannst.

Vielleicht wirst du dich jetzt fragen, weshalb du dir eine Mutter, einen Vater, einen Bruder oder eine Schwester ausgesucht hast, von denen du keine Liebe und Fürsorge erhalten hast und die dir nur Kummer und Leid gebracht haben oder für die du dich sogar schämen musst. Trotz dieser unglücklichen Umstände ist es so, dass du genau diese Seelen gebraucht hast oder immer noch benötigst, um deine persönlichen Lebensziele zu erreichen und wieder altes Karma abzutragen.

Innerhalb einer Familie gibt es Wesen, die sehr gut untereinander auskommen, aber umgekehrt auch solche, die sich absolut nicht miteinander verstehen. Blutsverwandt zu sein, bedeutet noch lange nicht, dass Seelen miteinander harmonieren und immer in völligem Einklang zueinander stehen.

In deiner Erdenfamilie triffst du auf Menschen, mit denen du vielleicht schon in einer früheren Inkarnation in einer völlig anderen Konstellation verbunden gewesen bist. So kann es sein, dass deine Schwester damals deine Frau oder dein Vater dein Bruder gewesen ist. Es gibt auch Familien, in denen sämtliche Familienmitglieder in früheren Leben schon einmal miteinander verbunden waren, bis auf eines, das aus einem bestimmten Grund genau in diese Familie hineingeboren wurde. Dies löst dann bei diesem Einzelwesen oft ein Gefühl des Nichtdazugehörens aus. Die für euch seltsam wirkende Zusammensetzung ist aber für die Entwicklung der einzelnen Familienmitglieder und für die Familie als Ganzer von entscheidender Bedeutung.

Eine Erdenfamilie kann für eine Seele etwas Wunderbares sein oder eine sehr schmerzhafte Erfahrung bedeuten. Die Familie hat einen entscheidenden Einfluss auf die Persönlichkeitsentwicklung der Seele und auf ihren Werdegang. Viele Seelen, die als Kinder und Jugendliche die allerschlimmsten Familientragödien ertragen mussten, wachsen über sich selbst hinaus und erreichen im Erdenleben Dinge, die niemand für möglich gehalten hätte. Leider gibt es auch die anderen Seelen, die so viel Leid in ihrer Familie zu ertragen haben, dass sie nicht genug Kraft und Mut aufbringen können, sich abzunabeln und ihr Leben selber in Angriff zu nehmen.

Du brauchst also den Rahmen einer Familie für die Entwicklung deiner Seele, was aber nicht bedeutet, dass du dir dein Leben nicht auch ohne sie aufbauen kannst. Beide Aspekte dienen deinem persönlichen Lernprozess während deiner jetzigen Inkarnation. Alle deine Prozesse und Entscheidungen im Zusammenhang mit deiner Familie sind dazu da, dass du reich beladen mit neuen Erfahrungen wieder in unsere Dimensionen zurückkehren kannst.

Versteht es eine Seele, sich innerhalb einer Erdenfamilie anzupassen, hat sie, egal was auch immer passieren wird, während ihrer ganzen Inkarnation immer einen Zufluchtsort, an den sie jederzeit zurückgehen kann, wenn es ihr schlecht ergeht. Später wird sie unter Umständen versuchen, diese familiäre Sicherheit und Geborgenheit in ihrer selbst gegründeten Familie ihren eigenen Kindern weiter zu verschenken.«

»Das Schönste an einer Freundschaft ist nicht die ausgestreckte Hand, das freundliche Lächeln, sondern das erhebende Gefühl, jemanden zu haben, der an einen glaubt.

Ralph Waldo Emerson

Freundschaft

»Ein großes Lernpotenzial für die Seele besteht neben der Familie in deinen Freundschaften.

Bereits Kleinkinder im Kindergartenalter suchen sich intuitiv die für sie passenden Freunde aus. Selbstverständlich sind das reine Spiel- und Zweckfreundschaften und unterscheiden sich wesentlich von den später entstehenden freundschaftlichen Verbindungen.

Wenn die Kinder älter werden, haben ihre Eltern nur noch wenig bis gar keinen Einfluss mehr darauf, welche Freunde sie sich aussuchen. Interessant dabei ist, dass sich eine Seele in den meisten Fällen keine ähnlichen Seelen als Freunde sucht, sondern meist solche, die vollkommen anders sind. Bereits in diesen frühen Lebenssituationen macht die Seele die Erfahrung, dass sich zwei unterschiedliche Seelencharaktere ergänzen.

Irgendwann in einer bestimmten Inkarnation besteht die Möglichkeit, auf einen wirklichen Freund* zu treffen, dessen

---

* *Anmerkung Ryan Ellis:* Der Einfachheit halber übernehme ich hier nur die männliche Form. Selbstverständlich ist aber damit auch an weite-

Verbindung in den meisten Fällen über viele Erdenjahre, ja oft sogar bis zum Tod bestehen bleibt.

Den besten Freund kennt die Seele oft schon aus früheren Inkarnationen. Beide haben schon viel gemeinsam erlebt und durchgemacht und fühlen sich deshalb sehr schnell zueinander hingezogen und miteinander verbunden. Der beste Freund kann aus der Sicht unserer Dimensionen eine der wertvollsten menschlichen Verbindungen während einer Inkarnation sein. Beste Freunde erzählen sich praktisch alles, auch die intimsten Details. Jeder weiß bestens über den anderen Bescheid und ist für ihn da, wann immer er ihn braucht.

Eine ehrliche, tiefe Freundschaft steht für Sicherheit und Geborgenheit in einer Welt voller Lügen und Negativität. Aus diesem Grund ist eine langjährige, intensive Freundschaft so unglaublich kostbar. Alle Seelen, die dieses Privileg einer so einzigartigen Freundschaft im Laufe einer Inkarnation erleben dürfen, können sich glücklich schätzen.

Auf eurem Erdenplaneten gehen viele davon aus, hunderte von Freunden zu haben. Diese Freunde sind aber alle nicht real. Sie existieren in einer virtuellen Welt und können dich nicht tief in deiner Seele berühren. Diese vermeintlichen

---

ren Textstellen im Buch immer auch die weibliche Variante gemeint.

Freunde agieren in einer von ihnen aufgebauten Scheinwelt und geben nur die Dinge von sich preis, mit denen sie andere Erdenmenschen beeindrucken möchten.

Ein wirklicher Seelenfreund ist in deiner Nähe, wenn du ihn brauchst. Er ist real. Du kannst ihn sehen, sprechen, hören, riechen und anfassen. Er zeigt dir nicht nur seine Stärken, du kennst auch alle seine Schwächen. Das macht dir nichts aus, weil er die deinen auch kennt und sie versteht. Das ist der entscheidende Punkt: Vor einem wirklichen Freund braucht sich deine Seele nicht zu verstecken. Sie kann sich genau so zeigen, wie sie ist. Sie braucht keine Angst davor zu haben, abgelehnt zu werden, wenn sie einmal etwas vermeintlich Negatives gemacht hat.

In einem gewissen Sinn ist eine tiefe Freundschaft oft wertvoller für eine Seele als eine Partnerschaft, weil die körperliche Komponente, die Sexualität, nicht ins Spiel gebracht wird. Die Sexualität in einer Freundschaft würde vieles verkomplizieren oder sogar verunmöglichen. Wird diese Grenze zwischen zwei Seelen überschritten, finden sie meist nur sehr schwer oder gar nicht mehr in die ehemals bestandene Freundschaft zurück.«

Sidney

Ryan Ellis: Ich habe in meinem eigenen Leben immer gute Freunde gehabt und bin dem Universum dafür unendlich dankbar.

Meinen besten Freund Sidney habe ich vor vielen Jahren durch meine Schwester Emily in einer Großstadt kennengelernt. Wir haben uns sofort gut verstanden und sind uns dann immer wieder über den Weg gelaufen. Daraus ist eine wunderbare Freundschaft entstanden, die wir beide nicht mehr missen möchten.

Sidney hat von Anfang an den Botschaften von Simon vertraut, an sie geglaubt und sie in seinem Leben auch erfolgreich umgesetzt. Habe ich wieder einmal für einen Moment an einer Antwort aus dem Universum gezweifelt, hat er mich immer mit der Tatsache konfrontiert, dass Simons Botschaften eine hundertprozentige Trefferquote aufweisen.

Natürlich scheint es aufgrund unserer bewährten Freundschaft naheliegend zu sein, dass Sidney und ich schon in vergangenen Leben miteinander in Kontakt gewesen sein müssen. Aber das ist erstaunlicherweise nicht der Fall. Sidney erfuhr den wahren Grund unserer Begegnung durch ein bekanntes Medium in den Staaten, dessen verblüffende Geschichte alle Beteiligten erstaunte.

Sidney hatte in seiner letzten Inkarnation einen schweren Unfall miterleben müssen. Er war damals noch ein kleiner Junge, als sich der Wagen seiner Eltern auf einer Küstenstraße überschlug und über eine steile Klippe fiel. Beide Elternteile waren sofort tot. Sidney überlebte und wurde zur Schwester seiner Mutter gebracht.

Die Frau, die ihn im damaligen Leben aufgenommen und ihm ein neues Zuhause geschenkt hat, ist in meinem jetzigen Leben meine Mutter. Sidney hatte sich vor seiner Inkarnation vorgenommen, sie wieder zu treffen. Dafür musste er aber zuerst meine Schwester Emily und mich kennenlernen.

Diese Geschichte zeigt sehr deutlich, dass wir alle miteinander verbunden sind und in immer anderen Konstellationen in unseren Inkarnationen wieder aufeinander treffen.

Erstaunlich ist auch noch ein weiteres, wichtiges Detail im Zusammenhang mit dieser Geschichte.

Sidney hatte sich bis zu seinem fünften Lebensjahr mit allen Mitteln dagegen gewehrt, in ein Auto zu steigen. Nun war klar weshalb. Viele der nicht verarbeiteten Ängste aus unseren letzten Inkarnationen sitzen noch tief in uns fest und müssen in unseren neuen Leben zuerst aufgearbeitet werden.

Partnerschaft

»In der aktuellen Lebensstruktur ist bei euch Erdenmenschen alles auf eine Partnerschaft ausgerichtet. Wer keinen Partner an seiner Seite hat, scheint nicht vollständig, nicht vollkommen zu sein. Das ist eine große Widersprüchlichkeit, wenn man bedenkt, dass mehr als die Hälfte aller menschlichen Wesen ihren Schwur für ein gemeinsames Leben brechen, einander belügen und betrügen und sich wieder trennen.

Die Verbindung zweier Wesen zu einer Partnerschaft ist grundsätzlich etwas Wunderschönes und Wertvolles. Nur ist eine solche Verbindung in eurem Zeitalter der immer schneller werdenden Veränderungen nicht mehr so einfach. Die Seelen zweier Menschen entwickeln sich oft völlig unerwartet in eine andere Richtung, und die Punkte, die man beim Partner einmal als anziehend empfunden hat, kann man plötzlich nicht mehr akzeptieren, oder bestimmte Verhaltensweisen werden sogar als abstoßend empfunden.

Eine partnerschaftliche Beziehung sollte nur von Wesen eingegangen werden, die bereit sind, durch eine Partnerschaft im Leben etwas zu gewinnen. Dies meine ich selbstverständlich nicht im materialistischen Sinne, sondern auf den seelischen Bereich bezogen. Der Erfolg hängt maßgeblich davon ab, dass beide wissen und geklärt haben, was sie von und in dieser Partnerschaft erwarten.

Sobald die Lebensziele der beteiligten Seelen nicht mehr übereinstimmen und unterschiedlicher werden, wird der Wunsch nach einer Trennung immer größer. Je weniger positive, gemeinsame Erfahrungen in einer Partnerschaft gemacht werden können, desto schwächer wird das Zusammengehörigkeitsgefühl und auch der Wunsch, die Zeit und somit das Leben gemeinsam zu verbringen.

Du glaubst, dich selbst recht gut zu kennen und dich überhaupt nicht verändern zu müssen. Möchtest du aber eine Partnerschaft eingehen, dann musst du dich anpassen können. Dies fällt den meisten von euch sehr schwer. Entwicklung bedeutet laufende Veränderung und die Fähigkeit, sich diesen Veränderungen anzugleichen. Wer sich nicht anpassen kann, der kann sich nicht entwickeln.

Ungesunder Egoismus nimmt in der jetzigen Erdensituation einen großen Raum ein. Die Rücksichtslosigkeit ist nicht nur im Zusammenhang mit einer Partnerschaft, sondern in sämtlichen Lebensbereichen zu erkennen. Der ungesunde Egoismus zeigt sich darin, dass jemand seine persönlichen

Bedürfnisse befriedigt und die seiner Mitmenschen nicht erkennt oder übergeht.

Damit eine Partnerschaft funktionieren kann, müssen sich die Beteiligten klar darüber sein, dass sie zwei eigenständige Persönlichkeiten sind, mit unterschiedlichen Lebens- und Inkarnationserfahrungen, Vorstellungen, Fähigkeiten, Ansichten und Wünschen. Wenn zwei Wesen es verstehen, diese Andersartigkeit gegenseitig zu akzeptieren, haben sie große Chancen, eine erfüllte, glückliche Partnerschaft aufrechterhalten zu können. Dazu gehört auch eine bestimmte Gelassenheit, von sich selbst und vom Partner nicht immer zu erwarten, perfekt zu sein und allen Ansprüchen gerecht werden zu müssen.

Sehr wichtig für eine funktionierende Partnerschaft ist der gegenseitige Austausch. Paare, die irgendwann aufgegeben haben zu reden, dürfen sich nicht darüber wundern, dass sie sich plötzlich in einer Partnerschaft am Ende befinden.

Die Form der partnerschaftlichen Beziehung beruht auf Intimität und Nähe. Kann ein Wesen sich selbst nicht lieben, wird es auch in einer Partnerschaft nicht fähig sein, Nähe und Beziehung zu entwickeln.

Die Angst vor Nähe hängt oft mit vergangenen Inkarnationen zusammen. Wesen, die große Angst vor Nähe entwickeln, tragen immer noch Ängste des »Verlassenwerdens« und den damit verbundenen Schmerz in sich. Sie haben Angst, verwundbarer und verletzlicher zu werden, je tiefer sie sich auf Gefühle und Nähe einlassen.

In eurer Vergangenheit wurden sehr viele Partnerschaften aus reinen Sicherheitsgründen geschlossen und auf rein ökonomischen oder rechtlichen Überlegungen und Zielen aufgebaut. Eine Frau mit Kindern wollte abgesichert sein, falls sich ihr Mann von ihr trennen würde. So entstanden viele Vernunft- und auch reine Zweckpartnerschaften. Wir sind sehr glücklich darüber, dass sich auf eurem Planeten die Frau als eigenständige Persönlichkeit weiterentwickelt hat und dadurch wesentlich unabhängiger vom Mann geworden ist.

Die Partnerschaft in Form einer Ehe, wie ihr sie kennt, ist nicht ein unumstößliches Credo für eine Verbindung zwischen zwei Seelen. Die Ehe ist schon lange nicht mehr die einzige Institution für das Leben in einer Partnerschaft – und war es auch in der Vergangenheit nicht. Die Ehe ist weitgehend den weltlichen Vorstellungen unterstellt. Die Vorstellung einer Ehe als *eine* von verschiedenen Optionen, die gewählt werden *kann*, aber nicht *muss,* entspricht mehr dem universellen Gedankengut. Auch dass die Form der Ehe bestimmten Paaren verwehrt bleibt, spricht nicht dafür, dass sie die beste Form für eine gelebte Partnerschaft ist.

Viel wichtiger als die Umstände und die rechtliche Form einer Partnerschaft sollten deren Auswirkungen auf deine Seele bleiben. Wenn eine Partnerschaft auf gegenseitiger Liebe und Respekt beruht, also in Harmonie verläuft, ist die Form, in der sie sich abspielt, für das Universum unerheblich.«

Entscheidend dafür, ob Alleinsein als Einsamkeit empfunden wird, ist vor allem eines: Ob die Situation freiwillig gesucht oder ob sie von außen auferlegt wurde.

Entscheidet man sich aus freien Stücken dafür, wird Alleinsein als befreiend und wohltuend erlebt.

Fanny Jimenez

 **Alleinsein**

»In bestimmten Situationen oder Lebensphasen fühlt sich jede Seele während einer Inkarnation hin und wieder einsam. Das kann am ersten Tag in einer neuen Umgebung sein oder wenn man sich von jemandem trennen muss, mit dem man über einen längeren Zeitraum zusammen war.

Mit diesem Alleinsein wirst du in deiner Inkarnation stets aufs Neue konfrontiert. Es hängt damit zusammen, dass du als Einzelseele immer wieder ein gewisses Heimweh nach deiner Seelenfamilie in unseren Dimensionen verspürst und dies nur vergessen kannst, wenn du Gleichgesinnte um dich hast. Du fühlst dich dann wie abgekoppelt und isoliert. Diese vermeintliche Isolation kannst du alleine nicht durchbrechen. Es geht dir sofort besser, wenn du dich mit einer anderen Seele verbinden kannst.

Im Grunde genommen fehlen dir in diesen Situationen nicht einfach irgendwelche Menschen, sondern das Gefühl, von ihnen beachtet, anerkannt und gebraucht zu werden.

Es ist von grundlegender Bedeutung, *Alleinsein* und *Einsamkeit* zu unterscheiden. Viele Menschen haben sich innerhalb bestehender Beziehungsmöglichkeiten auf eurem Planeten freiwillig dazu entschieden, alleine zu bleiben. Sie brauchen oder wollen keine partnerschaftliche Beziehung und sind völlig glücklich im Einklang mit sich selbst. Wer alleine lebt oder sich sogar absichtlich in die Isolation zurückzieht, braucht keineswegs einsam zu sein.

Die Einsamkeit ist nicht an die An- oder Abwesenheit von anderen Wesen gebunden. Sie hat auch nichts mit der Anzahl deiner befreundeten oder bekannten Erdenmenschen zu tun. Die Einsamkeit ist eine tiefe Unzufriedenheit innerhalb deiner Beziehungen. Du kannst in deiner eigenen weltlichen Familie einsam sein, an deinem ungeliebten Arbeitsplatz, in der Schule oder als Mitbewohner in einem Altersheim.

Einsamkeit ist an sich nichts Schädliches, sondern es ist ein Bestandteil deiner Inkarnation, dem du dich immer wieder stellen musst. Alle Wesen fühlen sich hin und wieder einsam, können sich dann aber wieder selber motivieren, Anschluss zu finden. Leider zeigt sich aber gerade bei älteren Erdenmenschen oft der fehlende Impuls zur Kontaktaufnahme, oder es fehlen ihnen dazu die für sie passenden Möglichkeiten und Angebote.

Verharrst du zu lange in deiner Einsamkeit, können sich neben deinem seelischen Schmerz auch körperliche Beschwerden entwickeln. Wenn du dich einsam und ausgeschlossen fühlst, leidest du unter einem chronischen Stress mit all seinen Symptomen und Auswirkungen. Versuche dich deshalb immer wieder selbst zu motivieren und Kontakt mit anderen aufzunehmen.«

Ryan Ellis: In den USA geben in Umfragen immer mehr Menschen an, keinerlei Freundschaft mehr zu pflegen. Einsamkeit bedeutet jedoch Stress für die Seele und den Körper. John T. Cacioppo (Psychologe und Studienleiter an der University of Chicago) konnte mit seiner Forschung beweisen, dass Einsamkeit gravierende Folgen für die Gesundheit nach sich zieht und innerhalb kurzer Zeit für eine negative Ausstrahlung der betroffenen Menschen verantwortlich ist. Einsame Menschen werden nach seinen Untersuchungsergebnissen schneller misstrauisch und pessimistisch.

Persönlichen Kontakt zu suchen und ihn aufrechtzuerhalten, wird immer wichtiger, je älter Sie werden und je mehr Sie sich von der Berufs- und Außenwelt zurückziehen.

Nur weil Sie alleine leben, müssen Sie aber noch lange nicht einsam sein oder sich einsam fühlen. Aber wenn Sie es sind, dann zählen die kleinen Schritte. Ein kurzes Gespräch im Aufzug oder mit der Verkäuferin im Supermarkt genügt bereits, Ihr soziales Netzwerk aufzubauen oder zu erweitern. Jeder menschliche Kontakt ist wichtig, auch wenn er Ihnen zunächst oberflächlich erscheint.

Erwarten Sie in Ihrem Alltag immer das Beste. Je freundlicher Sie auf andere Menschen zugehen, desto freundlicher werden deren Reaktionen ausfallen.

Alleinsein hat auch jede Menge Vorteile. Endlich Zeit für sich und die eigenen Bedürfnisse zu haben, über etwas Bestimmtes in aller Ruhe nachdenken zu können, mehr Dinge zu machen, die Sie wirklich interessieren, und Ihre noch bestehenden guten Beziehungen intensiver zu genießen.

Nur wenn Sie alleine sind, erreichen Sie das Innerste Ihrer Seele und finden so die Wahrheit über sich selbst.

Fühle dich nicht einsam.
Das gesamte Universum
befindet sich in dir.

 Rumi

Askese
In der **absoluten** Stille deiner Seele **begegnen**

Ryan Ellis: Den Begriff der asketischen Einsamkeit gibt es schon seit Jahrhunderten. Wir finden ihn in vielen Religionen und Kulturen mit einer immer ähnlichen oder sogar identischen Bedeutung.

Die *keltische Spiritualität* war zutiefst beeinflusst von der Stille, der Einsamkeit und dem Schweigen. Ein Asket zog sich von der Welt zurück und versuchte, sich so Klarheit darüber zu verschaffen, wer er war, was seine Handlungen bewirkten und wohin sein Lebensweg ihn führen würde.

Bei den *frühen Buddhisten* wurde ein Asket definiert als »Jemand, der sich anstrengt.« Zu den Vorschriften gehörten einfachste Kleidung, völlige sexuelle Enthaltsamkeit und die Verpflichtung, alles zu essen, was in die Bettelschale gelegt wurde.

Aus dem *Zen-Buddhismus in Japan* stammt ein Gelübde, dass ein bestimmter Berg in der Shiga-Präfektur sieben Jahre lang von einem Mönch umwandert werden muss, um sich als lebender Buddha zu erweisen. Während der

Wanderung müssen laufend verschiedene Mantras rezitiert werden. Wer die Umrundung nicht durchhält, hat sein Leben verwirkt. Seit dem Jahr 1885 haben fast fünfzig Mönche dieses anspruchsvolle, asketische Ritual überlebt.

Im *Christentum* wurde Askese gleichgesetzt mit bedingungslosem Gehorsam, Besitzlosigkeit, Ehelosigkeit, Gebet und Einsamkeit. Die Askese wurde als Mittel zur Überwindung von negativen Angewohnheiten verwendet.

Die Begriffe Einsamkeit und Stille ziehen sich wie ein roter Faden durch sämtliche Definitionen. Die Menschen haben sich selbst aus der äußerlichen Welt verbannt, um sich in ihren inneren Raum zu begeben und sich dort mit ihrer Seele zu befassen.

»Seit es den Menschen gibt, ist er auf der Suche nach seinem Ursprung. Seit ihm bewusst ist, dass er nicht nur Körper und Geist ist, beschäftigt ihn das Geheimnis seiner Seele.

Ihr habt Mühe, die Informationen eurer Seele zu hören, weil ihr in einer äußerst hektischen, aggressiven, lauten und zerstörerischen Welt zu Hause seid, die immer virtueller und dadurch unpersönlicher wird. Um das Geheimnis deiner Seele zu entdecken und herauszufinden, wer du bist und wohin du gehst, brauchst du Stille. Stille ist etwas, das es auf eurem Planeten kaum mehr gibt. Alles wird immer lauter und schriller. Die totale Vernetzung der Welt macht den Erdenmenschen immer gleichförmiger. Alle Geheimnisse des Individuums werden der sensationshungrigen Masse preisgegeben, und es zählt bei der Mehrheit der Erdenbewohner nur noch Macht und Image.

Alles, was Tiefe besitzt, und all die Weisheiten und Erfahrungen, welche die Seelen über Jahrhunderte in unzähligen Inkarnationen erfahren haben, liegen verschüttet. Die innere Welt der Seele ist für die meisten Erdenmenschen nicht mehr erreichbar. Dies macht uns Lichtwesen große Sorgen, denn viele werden dies erst erkennen, wenn sie ihr Leben abgeschlossen haben und wieder in unsere Dimensionen zurückkehrt sind. Dann werden sie feststellen, dass sie die großen Chancen einer Inkarnation nicht oder zu wenig genutzt haben und ihre Seele sich dabei nicht weiterentwickeln konnte.

Die Stille, verbunden mit der Einsamkeit, ist etwas vom Wichtigsten und Wertvollsten auf unserem Lebensweg. Die Stille kann nicht auftreten, wenn das Wort und die Gedanken nicht verstummen. Kaum jemand von euch hat noch ein Gefühl für die Stille, die sich zwischen den Wörtern und deren Inhalt abspielt. Wenn ihr aber diese Stille weiterhin vernachlässigt, werdet ihr irgendwann die Möglichkeit verlieren, der geheimen Sprache der Seele zu lauschen.

Verlierst du den Zugang zu deiner eigenen Seele, zu deinem inneren Raum, zu deinen Gefühlen und zu deinem wahren Selbst, kannst du auch nicht mehr mit anderen Seelen, ob nun lebenden oder verstorbenen, kommunizieren.

==Die Stille ist also die beste Freundin der Seele. Auch wenn es== für dich in der Hektik des Alltags schwierig sein wird, abzuschalten und zu meditieren, solltest du dennoch versuchen, in diese Stille einzutauchen. Du kannst dabei nur gewinnen.

==Würden sich die Erdenmenschen mehr in diese Stille wagen und sich dabei liebevoller um ihre Seele kümmern, wären viele Ärzte, Psychologen und Psychiater arbeitslos.== Versuche, oberflächliches Reden über alles und jeden möglichst zu vermeiden. Die Stille ist nicht nur der Schlüssel zu deiner eigenen Seele. Sie verschafft dir auch Zutritt zu denjenigen Seelen, die für dich wichtig sind, dir etwas bedeuten und die du liebst.«

Die größten Geheimnisse
der Menschheit
verstecken sich
im Schweigen der Seele.

ryan ellis

Kapitel 3

Seelenverbindungen

 Deine Seele wurde für dieses Leben **ausgewählt**

»Niemand von euch ist zufällig auf diesem Erdenplaneten inkarniert. Deine Seele wurde in unseren Dimensionen dazu ausgewählt, bestimmte Aufgaben während deiner dir zur Verfügung stehenden Zeit in einem Körper zu erfüllen. Du wurdest mit ganz bestimmten, zielgerichteten Aufträgen und Botschaften auf deinen Weg geschickt. Du sollst Dinge erledigen, die nicht nur für dich, sondern auch für viele andere, mit dir gleichzeitig inkarnierte Seelen oder für deine in unseren Dimensionen zurückgebliebene Seelenfamilie von Bedeutung sind.

Deine Seele entscheidet zusammen mit beratenden Lichtwesen, wann, wo, wie und unter welchen Umständen sie inkarniert und ihr Leben leben darf.

Die Seele sucht sich für eine Inkarnation nicht nur schöne, sondern auch sehr herausfordernde und schwierige Lebenskonstellationen aus, um sich und anderen verbundenen Seelen dadurch die Möglichkeit zu bieten, sich weiter zu entwickeln oder Karma abzutragen. Vieles, das ihr im Leben als Schicksal bezeichnet, ist in eurem Lebensplan so vorgesehen, vorausgeplant und hat mit der Weiterentwicklung eurer Seele und mit euren Seelenverbindungen zu tun.

Jede Seele ist genau so einzigartig wie der Körper, in den sie während ihrer Inkarnation schlüpft. Keine weitere Seele ist so präzise auf deinen jetzigen Körper zugeschnitten. Seele und Körper sind perfekt aufeinander abgestimmt.

Stelle dir vor, du wärst in einem anderen Land geboren. Du hättest andere Eltern, hättest einen anderen Körper oder einen anderen Intellekt. Du wirst schnell erkennen und begreifen, dass du dann auch ein völlig anderes Leben hättest, das in keiner Art und Weise mit deinem jetzigen zu vergleichen wäre.

==Jeder Mensch hat ein einzigartiges Schicksal.== Vor deiner Ankunft auf dem Erdenplaneten wurde dir ein ganz bestimmtes Schicksal zugeteilt, das es dir ermöglichen soll, anhand einer bestimmten Aufgabe von dir erfüllt zu werden. Zur Verfeinerung der Aufgabe und zur Zielerreichung spielen Herz und Verstand eine entscheidende Rolle.

Nur du selbst kannst dein dir zugeteiltes Schicksal erfüllen. Wäre eine andere Seele dazu fähig, wäre sie jetzt an deiner Stelle. Bist du dir dieser Tatsache vollumfänglich bewusst, wirst du den Sinn deines Lebens erkennen und alles, was während deiner Inkarnation mit dir geschieht, mit großer Freude und Dankbarkeit annehmen und akzeptieren. Du wirst die in diesem Prozess liegende Chance für die Weiterentwicklung deiner Seele erkennen und die damit zusammenhängenden Herausforderungen mit Geduld und Verständnis annehmen.

Wenn du dich während deiner Inkarnation gehen lässt und dich von deinen Potenzialen und Talenten abwendest, wirst du den Rhythmus deines Lebens verlieren. Du kannst dich deinen Herausforderungen nicht mehr stellen und wirst dich mit mittelmäßigen Zielen zufriedengeben.

Sobald du deinen, aus unseren Dimensionen mitgegebenen Rhythmus des Lebens verlierst, wird dein Erdenleben langweilig, und du wirst dich in der Anonymität der Masse verlieren. Der Rhythmus, mit dem du in deinem Leben weitergehst und alle Dinge anpackst, ist das Geheimnis für deine Lebensbalance und dein Zugehörigkeitsgefühl während deiner Inkarnationszeit. Wenn du dich im Rhythmus und im Einklang mit dem Universum befindest, kannst du alles erreichen, und nichts und niemand kann dir Schaden zufügen oder dich verletzen, außer du selbst.«

Ryan Ellis: Sehr viele Menschen haben ihren Lebensrhythmus verloren und fühlen sich dadurch unter allen Erdenmenschen ausgeschlossen und alleine gelassen. Trifft das auf Sie persönlich zu, müssen Sie tief in sich gehen, um erkennen zu können, wann diese Gleichgültigkeit in Bezug auf Ihre weltlichen Herausforderungen angefangen hat. Das kann sein, weil Sie einen schmerzhaften Verlust nicht überwinden konnten oder sich durch Ereignisse, die Sie nicht akzeptieren können oder wollen, völlig zurückgezogen haben.

Gutes wird nie in Ihr Leben kommen, wenn Sie ihm den Zugang verweigern. Nur Sie selbst können verschlossene Türen wieder öffnen, indem Sie sich von Ihrer Angst und Ihrem mangelnden Selbstwertgefühl für immer verabschieden.

Seelenverbindungen
auf der Erde

»Sobald sich die Seele in der materiellen Welt in einem Körper befindet, fühlt sie sich eingeengt und begrenzt. Sie hat die unendliche Ausdehnung sowie das Wissen und Verstehen aller universalen Geheimnisse zurücklassen müssen, damit sie sich vollumfänglich auf ihren Auftrag konzentrieren kann.

Durch diesen Verlust ist die Seele von unseren Dimensionen getrennt. Eine Trennung, die schmerzt und berührt. Die Seele sehnt sich nach Zuwendung und sucht sich Seelenverbindungen auf eurem Erdenplaneten, die mit ihrer Seele harmonieren.

Der Charakter und die Grundhaltung eines Erdenmenschen hängen wesentlich davon ab, welche Aufgaben er sich gestellt hat und auf der Erde erfüllen muss. Dazu sucht sich die Seele ähnliche Seelencharaktere, die sich meistens auch mit ähnlichen Aufgaben befassen.

Es bestehen für die Seelen bei der Inkarnation grundsätzlich zwei Möglichkeiten. Die Seele kann entweder alleine oder zusammen mit einer Seelengruppe inkarnieren.

Eine Seelengruppe wird immer von geistigen Führern betreut, und die dazugehörenden Seelen unterstützen sich gegenseitig bei ihrer Aufgabenerfüllung. Eine bereits gereifte Seele wird ihren Weg in die Reinkarnation alleine antreten und sich ihre Seelenverbindungen auf dem Erdenplaneten selber aussuchen. Sie wurde vor ihrer neuen Inkarnation durch die entsprechenden Lichtwesen speziell auf ihre großen Herausforderungen und Prüfungen auf dem Erdenplaneten vorbereitet.

Je häufiger eine Seele hintereinander inkarniert, desto besser gelingt es ihr, mit der bei euch vorherrschenden grobstofflichen Materie umzugehen. Dabei muss sie sich aber auch immer wieder von Altlasten aus vergangenen Leben befreien und erworbenes Karma ausgleichen.

Da sich die Seele während einer Inkarnation oft ganz auf sich alleine gestellt fühlt, sucht sie nach Seelenverbindungen, die ihrer Seele und deren Aufgaben ähnlich sind. Seelen werden in den meisten Fällen magnetisch von anderen Seelen angezogen, die den gleichen Charakter haben und ähnliche Ziele verfolgen.

Ob nun die Seele als Einzel- oder Gruppenseele inkarniert, spielt bei der Bewältigung ihres Auftrages eine untergeordnete Rolle. Wichtig dabei ist, dass sie für die Erfüllung ihrer Aufgaben eine Unterstützung von Gleichgesinnten erhält.

So kann sie in Verbindung mit anderen Seelen etwas Wunderbares und Bedeutungsvolles erschaffen, das einen großen Einfluss auf die Entwicklung der ganzen Seelenfamilie oder sogar auf die Universalseele haben kann.

Die Begegnung der Seelen in Form einer Seelenverbindung basiert also nicht auf dem Zufallsprinzip, sondern ist Bestimmung. Es gibt keinen Zufall. Die Seelen spüren, dass sie einander ergänzen können, nicht so sehr auf der sexuellen, sondern vielmehr auf der mentalen und spirituellen Ebene.

Das bedeutet, dass die Seelenverbindungen während einer Inkarnation äußerst bedeutungsvoll sind. Persönliche menschliche Begegnungen werden mit der spirituellen Entwicklung der Seelen verknüpft. Dies ist eine Voraussetzung dafür, dass du aufgrund deiner Beziehungen, die du zu anderen Wesen aufbaust, dich selber besser kennenlernen und erfahren kannst. Nur mittels dieser Seelenverbindungen in deinen Beziehungen wird dir bewusst, woran du arbeiten musst und welches Potenzial dir tatsächlich bereits zur Verfügung steht.

Die meisten Seelenverbindungen sind fortlaufende Verbindungen, welche die Seele in verschiedenen Zeitepochen und an verschiedenen Orten wieder aufnimmt. Die Seelen sind dabei immer in unterschiedlichen Konstellationen miteinander verbunden.

So betrachtet, sind Seelenverbindungen auf der Erde dazu da, dem Individuum und somit der Seele bei der spirituellen Entwicklung und dem Erreichen der Ganzheit auf der Seelenebene behilflich zu sein.

Eine Seelenverbindung ist nicht mit einer Seelenpartnerschaft gleichzusetzen. Sie ist also nicht die andere, ergänzende Hälfte, die es einem Wesen ermöglicht, vollständig zu werden. In einer Seelenverbindung ziehst du nur Seelen an, die dich in deinen Zielen zur Erfüllung deiner Lebensaufgabe unterstützen und deshalb für eine gewisse Zeit deine Wegbegleiter sind.«

Aufgaben **von Seelengruppen in verschiedenen** Inkarnationen

»Außer den bereits erwähnten Seelenverbindungen innerhalb und außerhalb eurer weltlichen Familie existieren weitere *Seelengruppen,* die aus Einzelseelen bestehen, die sich in irgendeiner Form verbinden, um ein gemeinsames Ziel zu verfolgen.

Es gibt Seelen, die in verschiedenen Zeitepochen in immer wieder anderen Ländern gemeinsam inkarnieren und durch ihre intensive Zusammenarbeit und ihr großes universales Wissen einen bedeutenden Einfluss auf das Weltgeschehen ausüben können.

Seelengruppen dieser Art können sich aber leider auch für negative Ziele verbinden, wie dies auf eurem Planeten schon oft aus religiösen oder rassistischen Motiven der Fall war. Diese negativen Muster prägen sich tief in die Seelen aller Beteiligten ein und können nur wieder gelöst werden, wenn jede einzelne Seele der beteiligten Seelengruppe gereift und sich der schwerwiegenden Folgen ihrer Gedanken, Worte und Handlungen bewusst geworden ist.

Seelengruppierungen sind in jedem Leben eines Menschen sichtbar oder unsichtbar vorhanden. Dies ist auch in deinem jetzigen Leben der Fall. Für die entsprechenden Inkarnationen können die unterschiedlichen Seelengruppierungen jeweils mehr oder weniger ausschlaggebend für die Erfüllung der Wünsche und das Erreichen der Ziele einer Einzelseele sein.

In deinem jetzigen Leben spielen nicht alle deine früheren Inkarnationen eine gleich große Rolle. Es sind meistens zwei bis drei ausgesuchte frühere Leben, die in deinem aktuellen Lebensprozess einen wesentlichen Einfluss auf deine Handlungen ausüben. Deine Seele zieht in deinem Erdenleben genau die Herausforderungen und Gelegenheiten an, die für deine persönliche und spirituelle Entwicklung von Bedeutung sind.

Im Verlaufe deines Lebens begegnest du vielen Seelen, die dir gegenüber alle verschiedene Aufgaben haben. Sie gehören deiner Seelengruppe an, weil sie das Potenzial in sich tragen, deine Seele auf ihre wichtige Entwicklung und auf ihr weiteres Wachstum vorzubereiten. Sie erscheinen also aus einem bestimmten Grund in deinem Leben, damit du dich in ihnen spiegeln und dadurch deine positiven und negativen Eigenschaften entdecken und an ihnen arbeiten kannst. So gesehen, sind die Seelengruppen ein zentrales und bedeutendes Instrument, um der Einzelseele ihr Spiegelbild vorzuhalten und damit für ihre weitere Entwicklung zu sorgen.

Es gibt Seelengruppen, die mehrheitlich aus besten Freunden und guten Bekannten bestehen. Du hast dich mit diesen Seelen zusammengeschlossen, weil sie ähnliche oder vielleicht sogar dieselben Eigenschaften wie du besitzen. Ihr erlebt die aktuelle Wirklichkeit auf eine sehr ähnliche Art und Weise. Deshalb versteht ihr euch sehr gut und bezeichnet euch als Freunde.

Eine Vertiefung davon ist die Seelengruppe, mit deren Seelen du dich über deine Freundschaft hinaus vor allem seelisch sehr verbunden fühlst. Du kennst diese Seelen schon seit Langem und bist ihnen in verschiedenen Inkarnationen immer wieder begegnet. Zwischen dir und den Seelen aus dieser Gruppe besteht eine unglaublich tiefe Verbundenheit, die weit über die Zeitspanne eines einzigen Lebens hinausreicht.

Es gibt aber auch Seelengruppen, denen du dich anschließen musst, um etwas für dich Unangenehmes zu lernen oder eine große Herausforderung zu überwinden. Die Seelen in dieser Seelengruppe könnte man als deine Lehrer bezeichnen. Dies können sowohl Personen aus deiner weltlichen Familie als auch Freunde, Bekannte oder sogar Feinde sein. Du ziehst diese Seelen in dein Leben, weil du etwas von ihnen lernen willst oder musst.

Seelengruppierungen können über verschiedene Inkarnationen hinweg unverändert bleiben. Dies hängt damit zusammen, wie schnell ihre Aufgaben von den dazugehörigen Einzelseelen gelöst werden können.«

Seelenverbindungen
innerhalb unterschiedlicher
Dimensionen

»Es sind nie alle Seelen einer Seelenfamilie gleichzeitig inkarniert. Ein Teil davon bleibt während deines Erdenlebens hier in unseren Dimensionen.

Obwohl die meisten von euch das nicht wahrnehmen können, sind diese Seelen aber immer intensiv mit euch verbunden und unterstützen und helfen euch in allen anstehenden weltlichen Situationen und Herausforderungen.

Deine Seelenfamilie hat ein großes Interesse an deiner seelischen Entwicklung, weil die Weiterentwicklung deiner gesamten Seelenfamilie von jeder Einzelseele abhängig ist.

Es gibt also Seelenverbindungen, die über Raum und Zeit hinweg bestehen. Seelenverbindungen dieser Art werden vom Universum oft dafür eingesetzt, wichtige Botschaften und neue Erkenntnisse von einer Dimension in eine andere zu vermitteln.

Eigentlich könnte sich jede menschliche Seele, die in einem Körper lebt, mit den anderen Seelen aus ihrer Seelenfamilie austauschen. Euch ist das aber kaum oder noch viel zu wenig bewusst.

Jeden Abend, wenn du dich schlafen legst, kehrt deine Seele zu deiner Seelenfamilie zurück. Dort herrscht ein reger Austausch, und deine Seelenfamilie berät sich mit dir zum Beispiel im Hinblick auf dein weiteres Vorgehen in einer bestimmten Angelegenheit. Wenn deine Seele beim Aufwachen wieder in deinen Körper zurückkehrt, wirst du vielleicht feststellen können, dass du für ein schwerwiegendes Problem eine hilfreiche Lösung gefunden hast. Die Sache hat sich für dich »im Schlaf erledigt«.

In seinem Innersten weiß also jeder Mensch, dass seine Seele einer Seelenfamilie angehört und sie aus diesem Grund nie auf sich alleine gestellt sein wird.

Die Kommunikation mit deiner Seelenfamilie war immer vorhanden und wird nie abbrechen, auch wenn du sie als Mensch in einem Körper nur unterschwellig wahrnehmen kannst. Erst wenn deine Seele reifer geworden ist, wird sie die Kommunikation auch mit ihrem Bewusstsein wahrnehmen können. Dies ist auch stark von deinem Glauben abhängig. Wenn dein Glaube auf ein Weiterleben nach dem Tod ausgerichtet ist, wird es dir immer mehr möglich sein, mit Seelen aus einer anderen Dimension in Kontakt zu treten. Dies könnte die gesamte Entwicklung aller Menschen unglaublich beschleunigen.«

Ryan Ellis: Ich bin überzeugt davon, dass in den nächsten Jahren immer mehr Menschen dazu imstande sein werden, eine bewusste Kommunikation mit Wesen aus einer anderen Dimension einzugehen. Dies wird mir auch von Simon immer wieder bestätigt. Die Lichtwesen setzen alles daran, uns die wichtigen Informationen und Zusammenhänge der universellen Gesetze für eine schnellere seelische Entwicklung zur Verfügung zu stellen, um dadurch die gesamte Menschheit auf eine höhere Entwicklungsstufe anheben zu können.

Die Seelenverbindung zu meinem Sohn Simon aus einer längst vergangenen Inkarnation ist das perfekte Beispiel dafür, dass es für die Lichtwesen von immenser Bedeutung ist, mit uns kommunizieren zu können. Der größte Teil der Menschheit verharrt immer noch in einer dunklen Unwissenheit, deren Auswirkungen Neid, Hass und Zerstörung hervorbringen und unsägliches Leid verursachen.

Zu glauben, wir wüssten längst über alles Bescheid, ist der größte Irrtum der Menschheit. Eigentlich wissen wir noch rein gar nichts, sonst würden sich viele Dinge auf unserem Planeten nicht ständig wiederholen, und die Menschen würden sich gegenseitig mehr Respekt erweisen. Es wüssten mehr Menschen über die universellen Gesetze Bescheid und wären fähig, sie im täglichen Leben anzuwenden. Würden sich die Menschen mehr mit dem Kommen und Gehen unserer Seele auseinandersetzen, könnte sich die Menschheit von den Kriegsschauplätzen und den Hungersnöten verabschieden. Es gäbe weniger Kriminalität und Gewalt, und es könnte sich eine neue, intelligentere und feinfühligere Menschheit entwickeln.

Wie ignorant und dumm von uns, den Irrglauben aufrechterhalten zu wollen, für die Entwicklung dieses Planeten und der darauf lebenden Menschen nicht mitverantwortlich zu sein und gleichzeitig zu wissen, dass wir in unserer nächsten Inkarnation wieder diejenigen sein werden, die für die jetzt gemachten Fehler der Menschheit bezahlen werden.

Solange sich jeder Mensch isoliert betrachtet und sein Ego für ihn das Wichtigste bleibt, wird sich die Menschheit nicht weiterentwickeln können. Das Universum will uns mit seinen Botschaften bewusst machen, dass wir alle miteinander verbunden sind und deshalb nur gemeinsam eine dauerhafte Veränderung anstreben können. Alles, was auf diesem Planeten geschieht, hat Auswirkungen auf das gesamte Universum.

Die Menschen, die an gar nichts glauben und denken, dass nach dem Tod alles vorbei sein wird, machen es sich sehr leicht. Mit dieser Einstellung müssen sie für nichts und niemanden Verantwortung übernehmen, nicht einmal für sich selbst. Vielleicht ist es aber genau das Wissen über die universellen Gesetze, das ihnen unbewusst große Angst macht und das sie deshalb so konsequent als Unfug ablehnen. Im Speziellen ist es das Wissen darüber, dass jede einzelne ihrer Handlungen Konsequenzen für alle Beteiligten nach sich zieht und sich unmittelbar positiv oder negativ auf die eigene, persönliche Weiterentwicklung auswirkt.

Solange sich jeder Mensch isoliert betrachtet und sein Ego für ihn das Wichtigste bleibt, wird sich die Menschheit nicht weiterentwickeln können.

ryan ellis

Die tiefe **Sehnsucht** nach einem **Seelenfreund**

»Jedes menschliche Wesen hat das Bedürfnis nach Zugehörigkeit. Es möchte zu einer Familie oder einer Gruppe von Menschen gehören. Wirst du aus einem dir vertrauten System, in dem du dich sehr wohl gefühlt hast, herausgerissen, steckst du oft in einer großen Krise.

Für die Seele bedeutet das, dass sie nie ganz zu etwas außerhalb von ihr gehören wird, weder zu einem System noch zu einer Sache. Die Seele wird im Laufe einer Inkarnation erkennen, dass sie in sich selbst zu Hause ist.

Trotzdem ist eine tiefe Sehnsucht in dir vorhanden, nicht allein zu sein, einen Ort zu haben, wo du dich geborgen fühlst und zur Ruhe kommen kannst. Aber erst, wenn du dich im Einklang mit dir selbst fühlst und dich so akzeptieren kannst, wie du bist, bist du wirklich in dir angekommen. Suche also nicht krampfhaft nach etwas im Äußeren, das du im Inneren bereits besitzt.

Ein Seelenfreund ist ein Mensch, dem du alles aus deinem Leben erzählen kannst, auch die intimsten Geheimnisse.

Diese Freundschaft, die sich über alle Konventionen und Regeln hinwegsetzt, ist gekennzeichnet durch Anerkennung, Respekt und ein tiefes Zugehörigkeitsgefühl. Eine solche Seelenfreundschaft kann sich über mehrere Leben hinweg erstrecken, in denen die beiden Seelen während ihrer Inkarnationen immer wieder aufeinandertreffen und einander bei der Erfüllung ihrer Aufgaben unterstützen.

Seelenfreunde können selbst über große Entfernungen hinweg die gemachten Erfahrungen des jeweils anderen in sich spüren und nachvollziehen. In einer so einzigartigen Beziehung gibt es keine räumliche Distanz. Seelenfreunde beziehen ihre gegenseitigen Gespräche weniger auf ihre weltlichen Interessen, sondern vielmehr auf Themen aus dem seelischen Bereich. Das menschliche Alter oder die im Leben bestehenden Hierarchien spielen bei einer Seelenfreundschaft keine Rolle. So kann die Großmutter die Seelenfreundin ihrer Enkelin sein oder der Angestellte der Seelenfreund seines höchsten Chefs.

Jeder von euch würde sich gerne einen solchen Seelenfreund an seiner Seite wünschen, aber nur die wenigsten haben ihre Seele bereits so weit entwickelt, dass dies äußerlich wahrnehmbar wird und dadurch ein wahrer Seelenfreund regelrecht angezogen werden kann. Einen Seelenfreund zu haben, ist ein großes Privileg, denn es braucht viel Sensibilität, um den Seelenbereich einer anderen Seele betreten zu dürfen. Du solltest mit einer so wertvollen Seelenfreundschaft sehr sorgsam umgehen und sie niemals aus niederen Motiven aufs Spiel setzen.«

Das Privileg einer **Seelenpartnerschaft** in einem **Erdenleben**

»Es ist entscheidend für ein menschliches Wesen, herauszufinden, ob es sich ganz einfach nur in jemanden verliebt hat oder ob diese Liebe das Wunder einer Seelenpartnerschaft ist.

Obwohl bereits bei einer ersten Begegnung zweier Seelen deutliche Anzeichen zu erkennen sind, die eindeutig auf eine Seelenpartnerschaft hinweisen, solltest du dir unbedingt Zeit lassen. Die Gewissheit, dass du einem echten Seelenpartner begegnet bist, wirst du erst erkennen, wenn du deine Seelenreise mit ihm begonnen hast und dabei bereits viele wertvolle Erfahrungen machen durftest.

Begegnen sich zwei Seelenpartner, die sich aus vergangenen Leben oder aus unseren Dimensionen her bereits kennen, werden sie von einem ungeheuren, noch nie empfundenen Glücksgefühl durchflutet. Die Augen – als Spiegel der Seele – spielen dabei eine entscheidende Rolle. Du schaust deinem Seelenpartner in die Augen und weißt sofort, dass du ihn kennst, obwohl ihr euch in diesen Körpern noch nie begegnet seid. Du fühlst dich mit diesem Wesen aufs Tiefste verbunden. Du erkennst dich in dessen Augen selbst.

Zugleich ist dir dein Seelenpartner vom ersten Moment an völlig vertraut. Zwischen euch besteht eine große gegenseitige Vertrautheit und ein tiefes Verständnis, auch wenn ihr euch noch nicht ausgetauscht habt.

Wer auf seinen Seelenpartner trifft, erlebt so etwas wie einen Energieanstieg, der Körper und Seele aktiviert. Durch diese Energien wird in dir eine Art universale Intelligenz freigesetzt, die es dir ermöglicht, Dinge im anderen wahrzunehmen, die du sonst niemals hättest sehen können. Oft werden dir unbewusst Bilder und Sequenzen aus früheren gemeinsamen Leben übermittelt, die du zu Beginn einer solchen Beziehung noch nicht richtig einordnen und verstehen kannst.

Der Unterschied zwischen einer Seelenfreundschaft und einer Seelenpartnerschaft besteht darin, dass die Seelenfreundschaft unabhängig von räumlichen Distanzen stets in Bewegung bleibt, die Seelenpartnerschaft aber nach unmittelbarer Nähe und Intimität sucht.

Beide Partnerschaften sind privilegierte Verbindungen. Oft entstehen aber gerade aus Seelenfreundschaften nachhaltigere Ergebnisse für die Entwicklung der Menschheit. Von einer Seelenpartnerschaft profitieren in erster Linie die beiden beteiligten Seelen und vielleicht noch diejenigen Wesen, die unmittelbar mit ihnen in Kontakt stehen.«

Ryan Ellis: In unserer Zeit werden wir überflutet mit Büchern zu Themen, wie man seinen idealen Partner, seine ideale Partnerin anziehen, respektive finden kann. Hat man jemanden kennengelernt, spricht man oft schon von Seelenverwandtschaft oder davon, seinen Seelenpartner gefunden zu haben. Dies zeigt sehr deutlich, dass das Bedürfnis nach Nähe und Intimität mehr denn je vorhanden ist. Wirft man einen Blick auf die hohen Scheidungs- und Trennungsraten, liegt es auf der Hand, dass sich viele in ihren Beziehungen nur eingebildet haben, ihren Seelenpartner gefunden zu haben.

Liegt es an den Kriterien der heutigen Zeit, die wir bei der Suche nach einem Traumpartner festlegen? Attraktivität, Intelligenz, Einkommen und Prestige stehen bei den meisten Menschen an erster Stelle bei einer Partnersuche. Nach oft etlichen Beziehungen entwickeln wir deshalb Beziehungsängste oder stellen frustriert fest, dass niemand zu uns passt oder wir gar beziehungsunfähig sind.

Hinzu kommt, dass man sich in unserer Gesellschaft ohne eine partnerschaftliche Beziehung häufig als Mensch zweiter Klasse fühlt und oft auch dementsprechend behandelt wird.

Ich finde es übertrieben, wenn Menschen nach einer ersten Verabredung bereits davon sprechen, ihren Seelenpartner gefunden zu haben. Sich in jemanden spontan zu verlieben, ihn sexuell attraktiv zu finden und dann alles nur noch durch eine rosarote Brille zu sehen, hat überhaupt nichts mit der Begegnung eines Seelenpartners zu tun. Aus diesem Grund lässt die aufkommende Enttäuschung in vielen Beziehungen meist nicht lange auf sich warten.

Für eine Seelenpartnerschaft muss Ihre Seele gereift und bereit sein. Sie brauchen dazu keinen Kriterienkatalog, weil Sie Ihren Seelenpartner ja schon längst kennen. Sie müssen sich die Begegnung mit ihm nur aus ganzem Herzen wünschen.

Wenn Sie Ihrem Seelenpartner begegnen, müssen Sie bereit sein, Werte mit ihm zu teilen, in Ihre Partnerschaft zu investieren und sich gegenseitig bei der Zielerreichung zu unterstützen. Durch ihr Zusammentreffen sollten sie beide zu besseren Menschen werden. Das Ziel einer Seelenpartnerschaft besteht aus gegenseitiger Unterstützung und Hilfe bei der Erledigung der weltlichen Aufgaben. Zeigen Sie die von Ihnen gewünschten Eigenschaften im täglichen Leben selber, wird Ihr Seelenpartner magnetisch von Ihnen angezogen werden.

Lebe für die Momente,
die man nicht
in Worte fassen kann.

unbekannt

 **Dualseelen**

Ryan Ellis: Bereits in meinem Buch »sternenflüstern« habe ich in einem Kapitel darauf hingewiesen, dass es für die Lichtwesen schwierig ist, den Menschen die Komplexität eines möglichen Zusammentreffens zweier Zwillings- oder Dualseelen verständlich zu machen. Die Vorstellung von Dual- und Zwillingsseelen ist eine Thematik, die in vielen Büchern und Internet-Artikeln umfangreich behandelt, aber mit Sicherheit von vielen Menschen missverstanden und falsch interpretiert wird.

Seltsamerweise interessieren sich beinahe alle Menschen für dieses Mysterium, selbst diejenigen, die an gar nichts glauben. Wahrscheinlich hat das damit zu tun, dass sich der Mensch tief in seinem Inneren während seines ganzen Lebens auf der Suche nach einer nur für ihn passenden, ihn ergänzenden Seele befindet.

Eine Theorie von Platon ist die des »Kugelmenschen«, bei der angenommen wird, dass die Menschen früher vier Beine und Arme und zwei Gesichter besaßen. Weil die Menschheit den griechischen Gott Zeus erzürnte, wurden die Menschen getrennt. So entstand das heutige Bild des

Menschen in seiner Unvollkommenheit, die uns antreibt, nach unserer zweiten Hälfte zu suchen. Finden wir sie, sind wir wieder eins mit uns und dem Universum.

Dies ist eine plausible, für die Menschen der damaligen Zeit in eine Geschichte verpackte Erklärung der Trennung der Dualseele. Die Dualseele ist aber eine universelle Essenz, die nicht so einfach mit der Trennung von zwei aneinander geketteten Körpern erklärt werden kann.

Viele Menschen möchten von mir etwas über ihre Dualseele oder Zwillingsseele erfahren, häufig in Bezug auf ihre aktuelle Partnerschaft. Diese Anfragen sind immer mit dem Wunsch und der Hoffnung verbunden, dass es dieses Mal die Dualseele oder Zwillingsseele sein möge, mit der man eine Beziehung eingehen möchte oder bereits eingegangen ist. Dabei erstaunt mich immer wieder, dass diese zwei geheimnisumwobenen Themen der Dual- und Zwillingsseelen innerhalb anderer Dimensionen nicht denselben Stellenwert einnehmen, wie sie das bei uns Menschen tun.

🌢 Beruhige den Geist, und die Seele wird sprechen.

Ma Jaya Sati Bhagavati

»Dualseelen sind Seelenteile, die in unseren Dimensionen einmal eine Einheit, ein Ganzes und somit etwas Vollkommenes waren. Diese Einheit hat sich gespalten, und daraus sind zwei Seelenteile entstanden. Tief in deinem Inneren verspürst du dein ganzes Erdenleben lang eine tiefe Sehnsucht nach deiner Dualseele und glaubst, ohne sie nicht glücklich werden zu können. Deshalb zielt deine ganze Aufmerksamkeit darauf ab, deine Dualseele zu finden, um dich wieder mit ihr zu vereinigen.

Es kann aber viele Inkarnationen dauern, bis die beiden Seelenteile wieder zusammenfinden.

Bis dahin hast du die Aufgabe, in den unterschiedlichsten Lebensumständen deine eigene männliche und weibliche Polarität zu erkennen, anzunehmen und zu akzeptieren. Deine

Seele ist weder weiblich noch männlich. Diese Aufteilung und Unterscheidung gibt es in unseren Dimensionen nicht. Es ist deshalb von entscheidender Bedeutung, dass du in deinen Inkarnationen das weibliche und männliche Prinzip ausleben und erfahren und dadurch beide Teile verstehen kannst. Dies ist auch der Grund, weshalb du in deinen Inkarnationen immer wieder dein Geschlecht wechseln wirst.

Dualseelen werden gemeinsam in die nächsthöhere Dimension aufsteigen und verbringen aus diesem Grund ihre letzte Inkarnation auf dem Erdenplaneten meist zusammen. Sämtliche gemachten Erfahrungen und Realitäten der beiden Dualseelenteile werden vor diesem Aufstieg zusammengeknüpft und bilden das Muster, die Struktur für die weitere Entwicklung der Seele. Da die Seele androgyn ist, müssen Dualseelen nicht zwingend in gegengeschlechtlichen Körpern inkarnieren.

Jede Dualseele ist für sich vollkommen, aber durch ihre Gegensätzlichkeiten entwickeln sich beide Seelenteile zu einem größeren Ganzen. Die Andersartigkeit ihres Charakters macht sie füreinander attraktiv. Dualseelen können mit dem ganzen Spektrum ihrer gemeinsamen Seelenenergie etwas Einzigartiges erreichen und mit ihrem seelischen Potenzial viel bewirken.

Begegnen sich zwei Dualseelen, spüren sie sofort das Magische ihrer seelischen Verbundenheit. In der Andersartigkeit des Gegenübers erkennen sie sich selbst wieder. Deine Dualseele kann seelisches Leiden und alte Blockaden in dir auflösen, deine Ungleichheit in Balance bringen und dich wieder für die Liebe öffnen.

Dualseelen halten sich einen Spiegel vor, um sich ihre Schwächen und Stärken gegenseitig bewusst zu machen. Die Liebe mit deiner Dualseele beinhaltet unglaubliche Magie und Heilkraft. Zusammen bilden die beiden Dualseelenteile ein starkes energetisches Kraftfeld.

Dualseelen sind zwei völlig eigenständige Wesen. Jeder Dualseelenteil fühlt sich als eine selbstständige Einheit und ist vollständig. Dualseelen begegnen sich im Leben, um sich gegenseitig zu helfen und zu unterstützen. Wenn sie sich während einer Inkarnation zu einer Partnerschaft entschließen, können sie nur glücklich werden, wenn sie sich gegenseitig viel Freiheit zugestehen. Ist eine von beiden Dualseelen nicht bereit, die gegenseitig vereinbarten Bedingungen zu erfüllen, wird eine erfüllte Partnerschaft nicht möglich und der daraus entstehende Schmerz für eine oder beide der Dualseelen unerträglich sein. Es ist für eine Dualseele wesentlich einfacher, ihre Liebe in unseren Dimensionen zu leben als innerhalb einer Inkarnation.

Deine Dualseele kann sich aber nicht nur auf der Ebene einer Liebesbeziehung zeigen, sondern sich auch in einer wunderbaren, einzigartigen Freundschaft zwischen zwei Erdenwesen bemerkbar machen. Oft kann eine tiefe Freundschaft zwischen Dualseelen einen weitaus höheren Stellenwert besitzen als die Verbindung zwischen zwei Liebenden, weil die körperliche Form der Beziehung nicht im Mittelpunkt steht.

Deine Dualseele ist der Teil von dir, den du beim Alleinsein, an schlechten Tagen oder in herausfordernden Lebenssituationen am allermeisten vermisst. Du und deine Dualseele werden sich aber immer wieder finden und irgendwann wieder vereinen. Das sind die Gesetze des Universums. Wie oben, so unten; wie innen, so außen.«

Mit der Zeit

nimmt die Seele

die Farben der Gedanken an.

 Marcus Aurelius

Zwillingsseelen

»Zwillingsseelen sind zwei Seelen, die durch ihre starke Liebe tief miteinander verbunden sind und gleichzeitig auf deinem Erdenplaneten inkarnieren, um sich zu finden und sich durch ihre gegenseitige starke Liebe zu erkennen.

Zwillingsseelen lassen sich mit den weltlichen eineiigen Zwillingen vergleichen. Sie verfügen über eine umfassende Liebe zueinander und können und möchten am liebsten immer miteinander zusammen sein. Diese Seelen besitzen eine ähnliche energetische Struktur und warten oft über mehrere Inkarnationen darauf, sich wieder zu sehen und sich seelisch zu vereinigen. Haben sich zwei Zwillingsseelen in einer Inkarnation gefunden, kann man davon ausgehen, dass sie durch die tiefe Verbundenheit und Liebe, die sie füreinander empfinden, bis zu ihrem Tod zusammenbleiben.

Zwillingsseelen ziehen sich an wie zwei starke Magnete. Wenn sie sich im Laufe ihrer Inkarnation begegnen, geschieht dies oft auf eine mysteriöse Art und Weise, weil das Aufeinandertreffen vom Universum gelenkt wird. Deine Zwillingsseele verfügt über die identische Seelenessenz wie du. Sie spürt dieselbe große und unwiderstehliche Anziehungskraft und stimmt mit dir in vielen Dingen völlig überein. Zwillingsseelen finden oft aufgrund unerledigter Themen aus früheren Inkarnationen zusammen. Meist kommunizieren sie ohne viele Worte, weil sie bereits wissen, was der andere denkt. Sie haben die Gabe, in den unterschiedlichsten Lebensbereichen eine Harmonie zu entwickeln, die nicht nur ihnen, sondern auch vielen anderen Erdenmenschen zugute kommt.

Zwillingsseelen fühlen ihre identische Struktur und ihre starke Verbundenheit auf der Seelenebene. Von außen gesehen, ist es oft so, dass sie durch eine bestimmte, gesellschaftlich bedingte Norm gar nicht zueinander passen. Dies kann zum Beispiel ein enormer Altersunterschied sein oder eine unterschiedliche kulturelle Herkunft.

Wie die Dualseelen, halten sich auch die Zwillingsseelen einen Spiegel vor. Dieser zeigt natürlich nicht nur erfreuliche Charaktereigenschaften und kann deshalb eine Seele unter Umständen stark verletzen. Selbstverständlich ist jedes menschliche Wesen nicht erfreut darüber, wenn es in seinem Spiegelbild seine Schwächen und Fehler erkennt, aber bei Zwillingsseelen sind bestimmte, daraus resultierende Erkenntnisse und Reaktionen wesentlich intensiver.

Für viele von euch ist es verwirrend, sich innerhalb der vielen, zum Teil unterschiedlichen Definitionen von Dual- und Zwillingsseelen zurechtzufinden.

Sehr einfach ausgedrückt, entstammt eine *Dualseele* unseren Dimensionen. Es sind Seelenteile, die einmal eine Einheit, ein Ganzes, etwas Vollkommenes waren und innerhalb vieler Inkarnationen wieder zu einer Einheit verschmelzen.

Die *Zwillingsseelen* inkarnieren gleichzeitig, um sich gegenseitig zu finden und während ihrer Inkarnation zusammen etwas zu erreichen oder ein bestimmtes Thema abzuschließen.

Beide Mysterien weisen bestimmte Gemeinsamkeiten auf. Ein gemeinsames Merkmal ist das Wunder der allesumfassenden, tiefen Liebe und Verbundenheit, die dich mit deiner Dual- oder Zwillingsseele verbindet. Es ist die Essenz der Liebe, die die beiden Seelen in den unterschiedlichsten Inkarnationen immer und immer wieder zusammenführt.

Konzentriere dich nicht darauf, deine Energie mit der Frage zu verschwenden, ob es sich bei deiner Beziehung oder deiner Partnerschaft vielleicht um deine Dualseele oder deine Zwillingsseele handelt. Es sind beides wundervolle Seelenbeziehungen, in der die beteiligten Seelen viele wertvolle Erfahrungen machen dürfen.

Konzentriere dich in deiner Seelenfreundschaft oder Seelenpartnerschaft vielmehr auf die Liebe zu deinem Seelenpartner und zu dir selbst.

Die Liebe ist alles, was zählt.«

Möge es dir gelingen,
jenen Ort deiner Seele
zu erreichen,
wo dich ein Überfluss
an Liebe, Wärme,
Nähe und Vergebung
erwartet.

Altirischer Segenswunsch

Kapitel 4

Die Entwicklung deiner Seele

 Licht

»Unsere Seele ist aus der Universalseele entstanden, die in vielen Religionen auch als die »Göttliche Seele« bezeichnet wird. Jede Einzelseele kommt aus dem Licht und wird irgendwann wieder ins Licht zurückkehren.

Jede Einzelseele gehört in unseren Dimensionen zu einer Gruppenseele, deren Eigenschaften und Merkmale sich somit auch in ihr spiegeln. Je weniger die Einzelseele entwickelt ist, desto abhängiger ist sie noch von der Gruppenseele. Diese Abhängigkeit macht sich in einer Inkarnation dadurch bemerkbar, dass die Seele ganz bestimmte, auf sie persönlich zugeschnittene Erfahrungen machen und daran reifen muss.

Die Erkenntnis und das Wissen, dass die Seele einer Gruppenseele, einer sogenannten Seelenfamilie, angehört, bedeutet für sie zugleich Zugehörigkeit und Schutz. Ohne die

Hilfe der Seelenfamilie wären die noch weniger entwickelten Einzelseelen nicht in der Lage, ihr Leben auf der Erde alleine zu bewältigen.

Die Entwicklung der Seele hängt also mit der Entwicklung der Seelenfamilie zusammen. Alle Erfahrungen, die eine Seele in einer Inkarnation machen darf, kommen jeweils der ganzen Seelengruppe zugute und heben diese jeweils wieder auf eine höhere Stufe.

Somit haben alle deine Handlungen in deiner Inkarnation einen entscheidenden Einfluss auf die Gesamtentwicklung deiner Seelenfamilie. Deine Erfahrungen, die du in einem Leben machen musst, sind nicht identisch mit denen der anderen Seelen aus deiner Seelengruppe. Was du lernen musst, das wissen und kennen andere schon und umgekehrt. Je höher die Seelenfamilie in ihrer Entwicklung steht, desto mehr Eigenverantwortung und Selbstständigkeit wird den ihr zugehörigen Seelen zugemutet.

Die Seele wird im Laufe ihrer Entwicklung immer mehr zu einem Individuum und entfaltet sich in ihrer Persönlichkeit. Diese Entwicklung hat sehr viel mit den gewonnenen Einsichten und der Liebesfähigkeit einer Seele zu tun.

Wenn sich die Seele individualisiert, löst sie sich aus der Gruppenseele und wird selbstständig. Das bedeutet, dass die Einzelseele nach dem Tod nicht mehr vollkommen in die Gruppenseele eintauchen wird, sondern eigenständig bleiben kann. Die Seelenfamilie bleibt aber trotzdem bestehen, und nach eurem Tod werdet ihr nach Hause in diese Seelenfamilie zurückkehren.

Während einer Inkarnation ist eure Seele aber in einem Körper, und dadurch fühlt ihr euch von dieser Seelenfamilie abgesondert und auf euch allein gestellt. Seelisch und geistig ist die Seele natürlich weiterhin mit der Seelenfamilie verbunden, aber durch das Leben in Zeit und Raum kann sie sich nicht an diese Tatsache erinnern.

Je weiter sich deine Seele entwickelt und je mehr sie an Bewusstheit erreicht hat, desto stärker leuchtet ihr Licht, wenn sie in unsere Dimensionen zurückkehrt.

Licht wird gleichgesetzt mit Rücksichtnahme, Menschlichkeit und Liebe. Die negative Seite davon, der Schatten, das Dunkle, wird assoziiert mit Eigenschaften wie Rücksichtslosigkeit, Egoismus, Aggressivität und Zerstörung.

Alle Anlagen einer Seele sind an sich weder Licht noch Schattenelemente, also weder gut noch böse, wie die Seele mit diesen Anlagen umgeht, zeigt sich erst in einem menschlichen Körper, wenn du mit deinem freien Willen entscheidest. Es wäre ein Trugschluss anzunehmen, dass ein

Mensch in den verschiedenen Inkarnationen immer nur gut oder böse ist. Aber es gibt dennoch keine sinnlosen Wechsel zwischen diesen beiden Bereichen. Die beiden Seiten des Lichts und des Schattens lösen einander eher in Form von wellenförmigen Bewegungen ab, je nachdem welche Entscheidungen du in einer bestimmten Situation triffst.

Es ist von großer Bedeutung, dass die Seele sowohl die Licht- als auch die Schattenseite kennen muss. Damit du als Mensch beide Seiten erfahren und deren Auswirkungen auf deine Seele spüren kannst, musst du sie erleben. Das kannst du nur in einem menschlichen Körper. Die Seele muss also die Dunkelheit erfahren, damit sie diese in Licht verwandeln kann. So erkennt sie, dass sie sich immer für das Positive oder das Negative entscheiden kann und dadurch an Licht gewinnt oder verliert.

Entscheidend für deine seelische Entwicklung ist natürlich, dass du dich immer mehr für das Licht entscheidest und dadurch immer heller leuchtest, bis du irgendwann so hell erstrahlst, dass der Schatten, die Dunkelheit für dich gar nicht mehr sichtbar ist.

Irgendwann wird deine Seele den Kreislauf der Inkarnation nicht mehr durchlaufen müssen und kann sich, ohne in einen Körper geboren zu werden, hier bei uns weiterentwickeln.

Ist die Seele so weit gereift und entwickelt, dass sie die höchste Stufe der Vervollkommnung erreicht hat, wird sie als reine Lichtenergie weiterexistieren.

Sehr vereinfacht kannst du dir das Zurückkehren nach Hause so vorstellen, als ob du in eine weiß-goldene Sonne eintauchen würdest, die dich liebevoll aufnimmt und dir alles verzeiht, was du glaubst, auf der Erde falsch gemacht zu haben. Du wirst beim Eintauchen in dieses Licht ein unbeschreibliches Glücksgefühl erleben, das sich mit nichts, was du auf Erden kennst, vergleichen lässt.

Die Seele kommt aus dem Licht, ist Licht und wird wieder in das Licht zurückkehren.

Das Licht kannst du benennen, wie du es möchtest. Jede Religion hat einen anderen Namen dafür, aber die Bedeutung bleibt immer dieselbe.«

Berlin

Ryan Ellis: Vor einigen Jahren flogen wir für ein paar Tage nach Berlin. Ich war sehr gespannt auf die Stadt, die mir von Freunden und Bekannten als kulturell, weltoffen und trendig beschrieben worden war.

Bei unserer Ankunft regnete es in Strömen, und Berlin zeigte sich an diesem Tag von einer düsteren, grauen Seite.

Bereits auf der Fahrt vom Flughafen ins Hotel konnte ich Bildsequenzen aus der Zeit des Zweiten Weltkrieges in mir wahrnehmen. Ich sah auf den breiten Straßen Panzer zwischen den Häuserreihen hindurchfahren und bewaffnete Soldaten, die in Häuser eindrangen. Ich sah Menschen, die sich selber aus den Fenstern stürzten oder hinausgeworfen wurden.

Ich versuchte, diese Flut von Bildern zu verdrängen, sie abzuschalten; aber es gelang mir nicht. Je näher wir in Richtung Hotel fuhren, desto intensiver wurden sie.

An der Hotelrezeption wurden wir sehr freundlich empfangen, und unser Hotelzimmer verfügte über alle Annehmlichkeiten, die man sich für ein paar Tage Auszeit wünscht. Die Architektur des Hotels war sehr modern. Die meisten Räume waren in dunkel bis schwarz gehalten, zusammen mit dem grauen und regnerischen Tag keine ideale Verbindung, um sich wohl zu fühlen.

Wenn es möglich ist, halte ich mich gerne vorwiegend in Räumen auf, die hell und lichtdurchflutet sind und möglichst viele große Fenster aufweisen. In dunklen Räumen kann ich manchmal Dinge wahrnehmen, die von Wesen mit niederen Energien ausgehen und daher meist negativ geprägt sind. Ich würde Ihnen an dieser Stelle unbedingt raten, bei Ihnen zu Hause in allen Räumen immer möglichst viel Licht hereinzulassen, um sich vor negativen Energien, die sich an die Dunkelheit anhaften, zu schützen.

In der ersten Nacht konnte ich trotz großer Müdigkeit lange nicht einschlafen, da ich im Hotelzimmer ununterbrochen dumpfe Stimmen und Geräusche hörte. Als es mir dann doch noch gelang, war ich bereits nach etwa einer Stunde wieder hellwach. Ich sah etwa fünf Männer im Raum, die im Stil der damaligen Kriegsjahre gekleidet waren und sich mit Akten und Dossiers beschäftigten. Die Stimmung unter den Männern nahm ich als hektisch, aggressiv und angespannt wahr. Als zwei von ihnen feststellten, dass ich sie sehen konnte, habe ich alle verfügbaren Lampen im Raum angezündet und diesen Männern deutlich zu verstehen gegeben, dass ich keinen Kontakt mit ihnen wünsche. Sobald das Hotelzimmer hell erleuchtet war, konnte ich sie zwar nicht mehr sehen, aber ihre Energie immer noch wahrnehmen. An Schlaf war in dieser Nacht nicht mehr zu denken.

Am nächsten Morgen recherchierten wir im Internet und stießen auf eine mögliche Erklärung für die Ereignisse der vorangehenden Nacht.

Auf der gegenüberliegenden Straßenseite unseres Hotels befand sich während des Zweiten Weltkriegs der von Hanussen im Jahre 1933 errichtete futuristisch anmutende »Palast des Okkultismus«.

Hanussen, ein selbsternannter »Hellseher«, suchte, obwohl er Jude war, die Nähe zum Nationalsozialismus und unterstützte den Aufstieg Hitlers. Unter anderem sagte er den Reichstagsbrand voraus. Sein Haus verfügte über versteckte Abhörsysteme. Durch die damit erworbenen Informationen baute sich Hanussen gute Kontakte zur SA-Führung auf. Er machte sich viele Freunde, indem er deren Mitglieder durch Finanzierung ihrer Spielschulden und andere Dienstbarkeiten unterstützte. Auch Hitler soll im Haus des Okkultismus aus- und eingegangen sein. An diversen Anlässen wurden viele Informationen ausgetauscht und dabei bedeutende Entscheidungen gefällt, die sich auf sehr viele Menschen negativ ausgewirkt haben. Einige der damals beteiligten Personen schienen sich mithilfe ihrer Energie auch nach all den Jahren immer noch in dieser unmittelbaren Umgebung aufzuhalten und nicht zur Ruhe zu kommen.

Für sehr sensitive Menschen ist es möglich, niedere Energien dieser Art wahrzunehmen. Viele von ihnen fühlen sich deshalb in gewissen Räumen, Häusern oder an bestimmten Plätzen unwohl. Sowohl negative als auch positive Energien können sich über viele Jahrzehnte hinweg an bestimmten Orten erhalten. Sind die Energien positiver Art, spricht man oft von einem »Kraftort«. Wenn Sie an Ihrem Wohnort oder Arbeitsplatz eine Ansammlung von negativen Energien feststellen, sollten Sie jemanden, der sich damit auskennt, beauftragen, diese mit bestimmten Ritualen aufzulösen.

Auf Berlin gingen im Zweiten Weltkrieg mehr Bomben nieder als auf jede andere deutsche Stadt. Fünfzigtausend Menschen starben, Hunderttausende verloren ihr Zuhause. Für mich wirken an diesem Ort immer noch viele unverarbeitete Energien, entstanden durch unsägliches Leid der Betroffenen, die ich als sensitiver Mensch während meines Aufenthalts an vielen Plätzen gespürt habe.

Obwohl Berlin wirklich eine interessante und wunderbare Stadt mit liebenswürdigen Menschen ist, wäre es für mich aufgrund meiner Wahrnehmungen wahrscheinlich schwierig, dort zu leben. Selbstverständlich gibt es viele derartige Orte, wo sich im Laufe der Zeit starke unverarbeitete negative Energien festsetzen konnten.

Wer zugleich seinen Schatten und sein Licht wahrnimmt, sieht sich von zwei Seiten, und dadurch kommt er in die Mitte.

 Carl Gustav Jung

Alle sprechen dauernd
von der Liebe.
Aber die wenigsten
verstehen etwas davon.

 ryan ellis

Liebe

Ryan Ellis: Die Liebe ist das Haupt- und Lieblingsthema der Menschen. Die ganze Welt spricht laufend über die Liebe. Dadurch ist sie allgegenwärtig. Seltsamerweise hat die Liebe aber für jeden Menschen in seiner eigenen, persönlichen Welt eine unterschiedliche Bedeutung, die sehr eng mit der Summe seiner damit gemachten Erfahrungen in Zusammenhang steht.

Wussten Sie, dass »Liebe« einer der am häufigsten eingegebenen Suchbegriffe bei Google ist? Das lässt darauf schließen, dass sich kaum ein menschliches Wesen nicht mit der Liebe beschäftigt oder zumindest im Laufe seines Lebens nicht immer wieder mit ihr konfrontiert wird.

Ohne Liebe gibt es kein Leben. Nur durch die Liebe erhält unsere Existenz einen Sinn. Aber was sind weitere Hintergründe, weshalb die Liebe eine so tiefe und große Bedeutung für die Menschheit hat?

Aus der Geschichte kennt man den Versuch des römischen Kaisers Friedrich II. von Hohenstaufen (1194 – 1250), der die ursprüngliche Sprache der Menschheit mit einem für uns nicht nachvollziehbaren und grausamen Versuch herausfinden wollte. Er ließ einige neugeborene Kinder ihren Müttern wegnehmen und übergab sie Pflegerinnen und Ammen. Diese wurden damit beauftragt, den Kindern Milch zu geben, sie zu waschen und zu baden, aber auf keinen Fall mit ihnen zu sprechen oder ihnen in Form von Berührungen oder Liebkosungen Liebe zu schenken. Das Resultat dieses menschenverachtenden Versuchs liegt auf der Hand – keines der Kinder überlebte.

Auch wenn es uns bis anhin noch nicht gelungen ist, das Wesen der Liebe so zu definieren, dass es für alle Lebewesen die gleiche Bedeutung erhält, eine gleiche Ausgangslage und einen gleichen Sinn ergibt, steht spätestens seit diesem unmenschlichen Versuch fest, dass wir alle auf Liebe angewiesen sind. Wer nicht geliebt wird, ist nicht lebensfähig, und wer nicht lieben kann, wird sich immer einsamer fühlen und dadurch in seiner seelisch-geistigen Entwicklung gehemmt.

»Die Liebe ist das tragende Element des Universums. Sie wird als ein Gefühl erlebt, das sich durch alle Ebenen des Seins hindurchzieht. Zu wissen, dass alle Seelen in Liebe miteinander verbunden sind und somit für immer zusammengehören, schenkt den Menschen ein Gefühl der Sicherheit.

Die Liebe ist eine Form, die bei der Anziehung unter Seelen nach außen dringt und dadurch erkennbar wird. Sie ist vergleichbar mit einem Band, das Seelen miteinander verbindet. Die Liebe ist seit Anbeginn in jeder Einzelseele vorhanden. Bevor die Seele die Liebe aber empfinden oder erleben kann, muss sie sich zuerst selber lieben lernen. Bis die Seele sich selber gelernt hat zu lieben, muss sie mehrere Erscheinungsformen der Liebe durchlaufen.

Hat eine Seele noch nicht gelernt, was Liebe ist, hat sie keine Ahnung, was zu tun ist, wenn die Liebe in einer Seelenverbindung nicht mehr vorhanden ist. Sie weiß nur, dass sie diese Liebe auf gar keinen Fall verlieren möchte und sie unbedingt weiterhin in ihrem Besitz bleiben soll. Die Liebe kann aber niemals von einem Wesen als sein persönliches Eigentum betrachtet werden. Sie ist ein Geschenk, das man aus freien Stücken erhält und mit nichts kaufen kann.

Viele menschliche Wesen leben mit der Vorstellung, dass man nicht mehrere Seelen mit der gleichen Intensität lieben kann. Ein Mensch, der nur jemanden zu lieben vermag, mit dem er sich 1:1 identifizieren kann, liebt im anderen letztendlich nur sich selbst. Er kann nur jemanden lieben, der genau so ist wie er, und schließt die Möglichkeit von vornherein aus, verschiedene Wesen mit der gleichen Intensität lieben zu können.

Wenn du in einer Familiengemeinschaft lebst, weißt du genau, dass du durchaus in der Lage sein kannst, mehrere Menschen gleichzeitig und gleich intensiv lieben zu können.

Der Weg zu dir zurück nach Hause, der Weg deiner Seele ins Licht, kann nur über die Liebe erfolgen. Die Liebe, die du dir selbst und deinen Mitmenschen gegenüber entgegenbringen kannst. Je mehr Liebe du gibst, desto mehr Liebe wirst du erhalten und desto einfacher wird es für dich, mit dem Strom der Liebe wieder ins Licht zurück zu fließen.

Wer die Stufe der wahren Liebe erreicht hat, wird feststellen, dass er bei dieser Form der Liebe nicht mehr selber im Zentrum steht, sondern in erster Linie nur noch an die Menschen denkt, die er liebt. Ihr sprecht dann von »bedingungsloser Liebe«. Wer lieben kann, der kann nicht nur geben, sondern er muss auch fähig sein zu empfangen. Wer die Form der bedingungslosen Liebe erreicht hat, besitzt eine so große Liebesfähigkeit, dass er alles und alle im Universum lieben kann.

Die Liebe bietet euch die Möglichkeit, sich in allen Inkarnationen und überall im Universum wiedererkennen zu können. Hast du einen Menschen wirklich geliebt, wird sich immer etwas in dir an ihn zurückerinnern.

Während deiner Inkarnation wirst du immer wieder Situationen erleben, in denen du eine Seele wiedererkannt hast. Sei das auf der Straße, auf einer Party, in einem Konzert oder irgendwo, wo du es gar nicht erwartet hättest. Es entsteht ein Moment der Vertrautheit, des sich gegenseitigen Kennens. Bei der Wiedererkennung schließt sich der Kreis der Zugehörigkeit, und ihr spürt durch das unsichtbare Band der Liebe eure Verbindung.«

 **Dankbarkeit**

Ryan Ellis: In meinem Buch »sternenflüstern« habe ich darauf hingewiesen, dass es wichtig ist, sich für alle Sachen zu bedanken, auch wenn wir glauben, sie wären selbstverständlich.

Das Führen eines Dankbarkeitsbuches, in das ich jeden Abend eintrage, wofür ich dem Universum für den vergangenen Tag danken möchte, hat eine angenehme Begleiterscheinung. Meine positiven Tagesereignisse vervielfachen sich von Tag zu Tag.

Es ist interessant, dass in vielen Briefen und Rückmeldungen gerade das Führen eines persönlichen Dankbarkeitsbuches und der damit verbundene Erfolg immer wieder ein Thema war. Meine Leser und Leserinnen haben mir voller Stolz mitgeteilt, dass ihr Leben durch Ihr Dankbarkeitsbuch wieder lebenswerter, unbeschwerter und glücklicher geworden ist.

Wir fokussieren uns oft zu stark auf die Dinge, die nicht so toll laufen oder die schiefgegangen sind. Durch unsere beständig negativ kreisenden Gedanken ziehen wir weitere negative Dinge in unser Leben, Dinge, die unser Leben noch mühsamer und leidvoller machen. Es wird mit der Zeit immer schwieriger, diesen Kreislauf zu durchbrechen und uns wieder uneingeschränkt auf die positiven Dinge in unserem Alltag zu konzentrieren, wovon es tatsächlich eine Menge gibt.

Seien Sie dankbar.

Dankbar dafür, dass Sie überhaupt die Chance erhalten haben, zu diesem Zeitpunkt hier existieren zu dürfen und dabei mit Menschen zusammen sein zu können, die Sie lieben und die von Ihnen geliebt werden. Seien Sie dankbar, dass Sie ein Zuhause und einen Job haben, der es Ihnen ermöglicht, für sich selbst zu sorgen. Seien Sie glücklich, dass Sie gesund sind. Entwickeln Sie Dankbarkeit für die kleinsten und unwichtig erscheinenden Dinge, ohne die Ihr Tag aber wesentlich unangenehmer verlaufen würde.

Es wird immer jemanden aus Ihrem Bekannten und Freundeskreis geben, dem es besser zu gehen scheint als Ihnen, der eine schönere Wohnung, ein schnelleres Auto und mehr Geld besitzt als Sie. Aber Sie sind nicht dieser Mensch und wollten es bei der Vorbereitung Ihres Lebensplans für Ihre Inkarnation auch gar nicht sein. Sie wollten genau der Mensch sein, der Sie jetzt sind, mit all den Problemen und Konfrontationen des Lebens, in denen Sie gerade stecken.

Wenn ich mich in einer Großstadt aufhalte, nehme ich mir während meines Aufenthaltes mindestens einmal eine kurze Auszeit und stelle oder setze mich inmitten der pulsierenden Metropole irgendwo hin, um mir anzuschauen und anzuhören, was alles um mich herum passiert.

Es fühlt sich jeweils an, als wenn ich mein Leben für diese wenigen Minuten anhalten und wieder zu mir selbst finden würde. Versuchen Sie das doch selber einmal. Sie werden staunen, wie hektisch, laut und oberflächlich die Welt und die sich darin bewegenden Menschen sich Ihnen präsentieren. Sie werden dabei aber auch Menschen entdecken, die Ihnen sehr positiv auffallen und Dinge machen, die Ihnen Anerkennung oder Bewunderung abverlangen.

Ich stelle mir in dieser Situation immer die Frage, ob ich mit einem dieser vielen Menschen, die ich nun in einer Art Zeitlupentempo beobachten kann, tauschen möchte? Ich muss Ihnen ehrlich sagen, dass ich mir das bisher noch kein einziges Mal gewünscht habe. Ich bin dann immer völlig zufrieden mit mir, finde mich ganz in Ordnung und will eigentlich genau so sein, wie ich bin.

Dies ist auch eine Form der Dankbarkeit ans Universum, sich selber und sein Leben so zu akzeptieren, wie es ist. Es ist Ihr Leben, das Sie sich ausgesucht haben und jetzt leben. Durch Ihr Denken, Sprechen und Handeln können Sie es in gewissen Grundzügen nach Ihren Wünschen und Vorstellungen jederzeit verändern.

Es gibt natürlich Dinge, die nicht mehr so leicht oder vielleicht gar nicht mehr rückgängig gemacht werden können. Wenn Sie im Rollstuhl sitzen, werden Sie Ihre Beine auch durch Ihr positives Denken nicht plötzlich wieder bewegen können. Dasselbe wird passieren, wenn es Ihnen nicht mehr möglich ist, zu sprechen, zu hören oder zu sehen. Aber Sie haben die uneingeschränkte Möglichkeit, auch aus jeder noch so ausweglos scheinenden Situation stets das Beste zu machen. Trotz schwieriger Lebensumstände sollten Sie dem Universum auch für die vielen schönen Momente in Ihrem Leben dankbar sein.

Verbitterten, vom Schicksal heimgesuchten und von Leid und Schmerz geprägten Menschen wird die Entwicklung von Dankbarkeit besonders schwerfallen oder zu Beginn vielleicht völlig unmöglich sein. Versuchen Sie es trotzdem immer und immer wieder. Beginnen Sie mit ganz kleinen Dingen, die Sie für selbstverständlich halten.

Inzwischen wurden zahlreiche Studien über die Wirkung von Dankbarkeit veröffentlicht. Sie zeigen gravierende Lebensverbesserungen im Alltag der Menschen, die sich mit Dankbarkeitstechniken beschäftigen. So sollen Menschen, die gelernt haben, Dankbarkeit zu entwickeln, entspannter, optimistischer, energievoller und sogar schmerzfreier geworden sein. Die Dankbarkeitsrituale sollen nicht nur auf der zwischenmenschlichen Ebene, sondern vor allem auch in der Beziehung zu sich selbst gravierende Veränderungen ausgelöst haben. Innerhalb von weniger als drei Monaten konnten sich optimistische und positive Gefühle deutlich verstärken.

Nichts in Ihrem Leben ist selbstverständlich. Es gibt immer einen Grund, für eine Sache oder einen Menschen dankbar zu sein.

Finden Sie ihn – und Ihr Leben und Sie selbst werden sich dadurch tiefgreifend verändern.

Sei dankbar
für das Heute,
denn dein ganzes Leben
könnte sich
mit einem Atemzug
verändern.

ryan ellis

Kapitel 5

Dein Leben leben

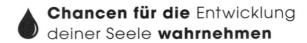

Chancen für die Entwicklung deiner Seele wahrnehmen

Ryan Ellis: Ich werde oft von Menschen gefragt, was für sie die persönlichen Lebensaufgaben und Ziele in dieser gegenwärtigen Inkarnation sind. Es wäre für die Fragesteller nicht besonders förderlich, diese Antwort in Form einer kurzen Aussage von mir zu erhalten, obwohl dies absolut möglich wäre.

Um sich diese Frage selber beantworten zu können, müssen Sie in sich hineinhören, sich Ihre in Ihrem Leben vorangegangen Problembereiche vergegenwärtigen und die dadurch entstandenen Muster erkennen. Jeder Mensch hat in einem Leben seine Hauptthemen, mit denen seine Seele sich auseinandersetzen und an denen sie reifen muss.

Vielleicht ist Ihre Problemzone eine spannungsgeladene Dynamik in Ihrer Familie, mit der Sie sich immer und immer wieder konfrontiert fühlen, oder es sind Ihre Beziehungen, die Ihnen Schwierigkeiten bereiten. Beziehungen jeder Art sind immer ein Spiegel Ihrer eigenen Persönlichkeit, und Sie können deshalb durch sie am meisten lernen.

Ein weiteres Lebensthema ist die Angst, das Gefühl nicht gut genug zu sein, zu versagen oder Furcht davor zu haben, dass Ihr Leben schwierig und anstrengend werden könnte. Viele machen sich große Sorgen, plötzlich krank zu werden. Bleiben Sie gelassen, und achten Sie selber gut auf Ihre körperliche und seelische Gesundheit, damit keine Angst Ihr spirituelles Wachstum beeinflussen oder behindern kann.

Eine weitere Herausforderung für viele Menschen ist das Verlustthema. Sie haben große Angst davor, etwas für Sie Wichtiges zu verlieren. Ein Verlust kann aber zugleich auch eine Chance oder sogar einen Gewinn für Sie bedeuten. Es kann lehrreich für Sie sein, etwas zu verlieren, weil Sie dessen Wert nicht oder zu wenig geschätzt haben. Halten Sie sich vor Augen, dass ein Verlust immer nur etwas Vorübergehendes ist und durch etwas Neues ersetzt werden kann.

Eine Lebensthematik, mit der sich sehr viele der momentan inkarnierten Menschen auseinandersetzen müssen, ist der beständige Vergleich mit anderen und dem, was andere besitzen, was die meisten nur unglücklich macht. Lieben und wertschätzen Sie sich selbst und akzeptieren Sie sich so, wie Sie sind. Konzentrieren Sie sich auf das, was Sie bereits besitzen, und nicht auf das, was Ihnen noch fehlt. Die Dinge, mit denen Sie sich in Ihren Gedanken laufend beschäftigen, ziehen Sie an. Also beschäftigen Sie sich mit ihren eigenen Wünschen, anstatt mit den Dingen, die andere besitzen. Alles, worauf Sie sich fokussieren, kann zu Ihrer tatsächlichen Erfahrung werden.

Weitere Chancen für die Entwicklung Ihrer Seele bieten sich im Bereich des Urteilens und Verurteilens. Immer wenn Sie etwas oder jemanden verurteilen, verurteilen Sie sich selbst, weil alles im Universum zusammengehört. Kein Mensch ist zufällig da und keine Handlung geschieht ohne Grund. Vergessen Sie die beständige Kategorisierung in Gut und Böse, und versuchen Sie, andere Menschen nicht beständig zu kritisieren und damit negativ über sie zu denken oder zu sprechen. Wir machen das oft aus einer puren Angewohnheit heraus und meinen es manchmal gar nicht wirklich böse. Aber diese negative Angewohnheit verhindert unsere Weiterentwicklung und sagt eine Menge darüber aus, wie wir in unserer Seele denken und sind.

Viele Menschen besitzen ein verschwindend geringes Vertrauen in sich selbst. Sie haben große Angst vor den ständigen Veränderungen in unserer Welt und den darin lebenden Wesen. Alles im Universum ist immer im Wandel. Nichts bleibt so, wie es ist, alles verändert sich. Mit diesem universellen Gesetz müssen wir uns arrangieren. Denken Sie immer daran: Veränderung bedeutet auch Wachstum und Entwicklungschancen.

Für viele Menschen dreht sich die Lebensaufgabe um Liebe, Hass und um das Verzeihen. Liebe ist die größte aller Herausforderungen, der Sie sich zu stellen haben. Wer nicht fähig ist zu lieben, kann sich nicht weiterentwickeln und wird von anderen keine Liebe zurückerhalten. Verzeihen ist stark mit der Liebe verbunden. Wer verzeihen kann, lässt jemanden los, der sich in Form von negativen Gefühlen an ihn geheftet hat. Dadurch können Sie erreichen, dass Sie diesem Wesen in einer nächsten Inkarnation nicht noch einmal begegnen müssen, um mit ihm zusammen Karma abzuarbeiten.

Auch wenn Sie es in Ihrem Leben nicht immer leicht haben, sollten Sie sich darum bemühen, die Ihnen vom Universum gebotenen Chancen für die Entwicklung Ihrer Seele zu erkennen und anzunehmen. Sie werden in Ihren zum Teil herausfordernden Lebenskonstellationen nicht alleine gelassen. Ihre Seelenfamilie wird Ihnen bei der Umsetzung

Ihrer Seelenlektionen immer zur Seite stehen und Ihnen immer wieder vor Augen halten, dass alles aus einem bestimmten Grund geschieht.

◉ Verpasste Gelegenheiten **für die Seele**

»Für die Entwicklung der Seele sind auch die menschlichen Anlagen, Begabungen und Fähigkeiten mit entscheidend, um das Lösen bestimmter Aufgaben zu bewältigen oder bestimmte Erfahrungen machen zu können. Die Entwicklung einer menschlichen Seele vollzieht sich phasenweise. Wenn sich eine Seele anhand der ihr gestellten Aufgaben und der damit gemachten Erfahrungen nicht weiterentwickeln kann oder will, werden ihr die ungelösten Probleme im Leben immer wieder begegnen.

Wichtige, für dich bedeutsame Lebensaufgaben können von dir meist nicht beim ersten Anlauf gelöst werden. Dies wäre für dich auch nicht unbedingt von Vorteil. Du kannst deine Probleme nur deinem Entwicklungsniveau entsprechend lösen und gleichzeitig die damit verbundenen Erfahrungen machen. So kann es sein, dass du immer und immer wieder vor die gleiche Aufgabe gestellt wirst, bis du sie lösen kannst und immer wieder Menschen mit ähnlichen Charaktereigenschaften anziehst, unter denen du so lange leiden musst, bis du deine Lektion gelernt hast.

Du solltest also die dir gebotenen Chancen für deine Weiterentwicklung annehmen. Aber was geschieht, wenn du sie verpasst?

Je wichtiger und entscheidender eine Aufgabe für deine Entwicklung ist, desto häufiger wirst du in deinem Lebensplan damit konfrontiert werden. Es ist dabei entscheidend, ob du deine zu lösende Aufgabe überhaupt erkennst, sie als Herausforderung annimmst und dann mit den damit einhergehenden Problemen und Konfrontationen umgehst.

Wirklich verpasste Chancen für deine seelische Entwicklung gibt es in diesem System, das die Seele durchläuft, nicht. Du wirst vom Universum immer noch ein weiteres Mal die Möglichkeit erhalten, diese für dich bestimmte Chance wahrzunehmen. Verwechsle das nicht mit einer verpassten Gelegenheit, die sich dir in der gleichen Form und Struktur in deiner jetzigen Inkarnation nie mehr präsentieren wird. Das sind in den meisten Fällen Sachen, die etwas mit Beziehungen und Geld zu tun haben. Du hast vielleicht die Gelegenheit verpasst, jemandem, der dir sehr wichtig war, zu seinen Lebzeiten gesagt zu haben, dass du ihn liebst, oder du hast ein gutbezahltes Jobangebot ausgeschlagen. Solche verpassten Gelegenheiten sind für dich als einmalige Chance wirklich als *verpasst* einzustufen. Aber Lernsituationen für deine Seele werden dir immer wieder vorgeführt, bis du bereit bist, sie anzunehmen und darauf zu reagieren.

Sei dir immer bewusst, dass deine seelische Entwicklung nur in kleinen Schritten vor sich geht, und habe Geduld, wenn du realisierst, dass du wieder vor dem gleichen zu lösenden Problem stehst. Auch die Lichtwesen, die dich begleiten, wissen um diese hemmenden Entwicklungsstufen Bescheid und warten mit dir zusammen geduldig auf deine nächsten Lebensschritte.«

Ryan Ellis: Wenn Sie den Unterschied zwischen der »Chance für eine Weiterentwicklung Ihrer Seele« und der »Chance als verpasste Gelegenheit« erkannt haben, wissen Sie, dass es keine verpassten Gelegenheiten für Ihre Seele gibt, dass aber verpasste Gelegenheiten in Ihrer Inkarnation in der gleichen Form nicht ein zweites Mal in Erscheinung treten werden.

Ein gelassener Umgang mit Chancen, die man im Laufe seines Lebens verpasst hat, spielt eine entscheidende Rolle für die Lebenszufriedenheit im Alter. Wenn Sie Ihre Zeit damit verbringen, Dinge aus der Vergangenheit zu bereuen und sich laufend Sorgen um ihre Zukunft machen, werden Sie das Hier und Jetzt, Ihre Gegenwart, nicht bewusst leben und erleben. Dadurch erkennen Sie im Alltag auch die Situationen und Herausforderungen in Bezug auf Ihre persönlichen Lebensaufgaben weniger und können diese als Chancen für Ihre seelische Weiterentwicklung auch weniger nutzen.

Wie Sie auf Ihre verpassten Gelegenheiten in Ihrem Leben reagieren, wie Sie sie verarbeiten und wie Sie damit umgehen, hat folglich auch Auswirkungen auf die Erkennung der Chancen für die Weiterentwicklung Ihrer Seele. Menschen, die ständig nur ihren verpassten Gelegenheiten nachtrauern und immer andere für Ihr gegenwärtiges Leben verantwortlich machen, nehmen dies oft als Entschuldigung, um sich den Problemen und Herausforderungen der Gegenwart nicht stellen zu müssen. Somit werden sie aber auch der Chance beraubt, mit den aktuell vorherrschenden Situationen lösungsorientiert umzugehen und an sich zu arbeiten, um so das Vergangene definitiv zurückzulassen und mit der Planung der Zukunft zu beginnen.

Schließe Vergangenes ab, indem du im JETZT lebst und mit deinen Gedanken, Worten und Handlungen in jeder einzelnen Sekunde bewusst deine Zukunft erschaffst.

ryan ellis

Angst und von außen aufgesetzte Zwänge

»In der Welt, in der ihr lebt, werden Tag für Tag Menschen misshandelt und getötet. Wir registrieren ein gigantisches Ausmaß an Gewalt, das sich über beinahe sämtliche Erdteile und alle Bevölkerungen zieht. Wenn wir euch sagen, dass ihr alle dafür Verantwortung tragt, scheint das für die meisten von euch mehr als unrealistisch und absurd. Aber es verhält sich genau so. In jeder Minute eurer Erdenzeit werden von euch Entscheidungen gefällt, einige davon mit Auswirkungen von großer Tragweite, die einen entscheidenden Einfluss auf die Entwicklung der Menschheit und des gesamten Universums ausüben.

Die meisten Entscheidungen triffst du entweder aus Liebe oder aus Angst. Alle bestehenden Gewaltsituationen sind aus Angst und Hassgedanken entstanden. Wenn du selbst deine chaotische Welt genauer betrachtest, wirst du feststellen, dass in der Vergangenheit sehr viele Menschen solche Gedanken in sich gefühlt haben müssen, sonst wäre das Ausmaß der Gewalt auf der Erde nicht so unbeschreiblich groß.

Du weißt, dass alle Entscheidungen, die du triffst, dein Leben bestimmen. Ist dir aber auch bewusst, dass oft andere Menschen dir ihre Entscheidungen aufzwingen oder bestimmte Lebenssituationen dir deine Entscheidungen indirekt abnehmen? Immer, wenn du dich bei deinen Entscheidungen von Angst leiten oder dich von den Erwartungen anderer an dich drängen lässt, wirst du nicht die Ziele verfolgen können, die wirklich wichtig und entscheidend für dich sind. Bei Entscheidungen, die du aus Angst triffst, sind deine Gefühle und Empfindungen verdeckt – und das schränkt deine Handlungsweise ein.

Aus falschen Entscheidungen in deiner Vergangenheit haben sich in deiner Seele viele Ängste entwickelt. Aber nur weil du als Mensch Angst davor hast, gewisse Entscheidungen selber zu treffen, die sich vielleicht negativ auf dich oder deine Mitmenschen auswirken könnten, darfst du nicht einfach den anderen um dich herum alle Entscheidungen überlassen. Selbst wenn du keine Entscheidungen triffst, trägst du die Konsequenzen für die daraus entstehenden Benachteiligungen für dich oder deine Mitmenschen.

Von außen aufgesetzte Zwänge erschweren es dir oft, positiv zu denken, positiv zu handeln und das Leben zu führen, das du gerne führen möchtest. Du wirst durch bestimmte Regeln und Gesetze zu sehr vielen Sachen gezwungen, immer unter dem Deckmantel, dich dadurch in der Gesellschaft besser zu schützen oder dich besser in sie integrieren zu können. Es gibt gesellschaftliche, kulturelle, politische und religiöse Zwänge, die dich oft in Situationen bringen, in denen du darüber nachdenken musst, ob bestimmte Dinge für dein persönliches Leben gut oder schlecht sind. Wie viele Menschen haben sich auf eurem Erdenplaneten das Leben genommen, weil sie unter bestimmten gesellschaftlichen Normen, Weltanschauungen und Vorurteilen so stark gelitten haben, dass sie lieber sterben wollten.

Alle Gruppierungen und Menschen, die auf andere Menschen Zwänge ausüben, schaffen starkes negatives Karma. Die unter Angst leidende Seele kann durch erlebte Zwänge nicht mehr frei entscheiden. Sie steht unter einem großen Druck, und jedes Mal, wenn sie diesem Druck nachgibt, verliert sie an Selbstwertgefühl.

In der Geschichte der Menschheit haben sich durch von außen auferlegte Zwänge immer wieder schreckliche Szenarien abgespielt, bei denen viele Seelen großes Leid erfahren mussten. Eine Einzelperson hatte so zu sein, so zu denken und so zu handeln, wie es eine bestimmte Gruppierung vorgab oder befahl. Es war oft ein großes Risiko für eine Seele, das Undenkbare zu denken, Tabus zu brechen und neue Wege einzuschlagen.

Auch in der Zeit, in der du lebst, werden viele Menschen, die anders sind als die breite Masse, von bestimmten Systemen weder anerkannt noch akzeptiert. Deshalb besteht auch heute auf eurem Planeten immer noch der große Druck, sich anzupassen und das Leben möglichst in der Form zu leben, wie es die Gesellschaft von euch erwartet.

Leider haben nur wenige Menschen den Weitblick, den Mut und die Energie, einen Weg zu gehen, der ihren höchsten Werten und Lebenszielen entspricht, auch wenn sie dafür manchmal sogar ihr Leben opfern müssen. Die Menschheitsgeschichte lässt sich nur durch solche mutigen Seelen verändern, und sie *muss* verändert werden, damit der Planet Erde wieder lebensfähiger und die Menschen wieder menschlicher werden.

Werdet toleranter und baut eure Entscheidungen und Handlungen nicht auf Angst und Hass auf, sondern auf Liebe. Anderen Mitmenschen mit Liebe zu begegnen, bedeutet, dass auch du mehr Liebe von ihnen erhalten wirst. Akzeptiere, dass es Menschen gibt, die anders sind als du. Bleibe ihnen gegenüber tolerant und behandele sie mit Respekt. Solange sie das Leben mit Liebe leben, ist nichts an ihnen falsch. Im Gegenzug kannst auch du dein Leben so leben, wie du es gerne möchtest, ohne dich durch äußere Zwänge eingeschränkt und ungeliebt zu fühlen und dabei Ängste zu entwickeln, etwas falsch zu machen oder nicht der menschlichen Norm zu entsprechen.

Willst du dein Leben wirklich leben, dann gib der Angst und den dir von außen auferlegten Zwängen keine Plattform. Ersticke bereits den Ansatz dazu im Keim. Lebe dein Leben mutig. Höre dabei auf die Stimme deiner Seele und sei dir bewusst, dass du immer eine Wahl hast. Was immer sich dir bietet, was immer du in deinem Umfeld vorfindest, du hast die Möglichkeit, es zu verstärken, indem du dich anpasst oder dich von ihm abwendest, weil es nicht deinen Lebenszielen entspricht. Sei Liebe und lebe Liebe, und du wirst alles, was du ausstrahlst, tausendfach vom Universum zurückerhalten.«

Dazugehören – niemand sollte deine Seele zu etwas zwingen

»Jeder inkarnierte Mensch hat das Bedürfnis nach Zugehörigkeit. Du möchtest auch außerhalb deiner Familie oder deiner Partnerschaft sowohl im privaten als auch im beruflichen Bereich zu einer Gruppe gehören.

In deiner heutigen Zeit glauben somit viele Menschen, dass sie einer bestimmten Gruppierung angehören. Aber die meisten sind nur in ein übergeordnetes System eingebunden, weil sie aus unterschiedlichen Gründen dazu gezwungen wurden und nun nach fremden Kriterien funktionieren müssen. Das Schlimmste daran ist, dass viele von euch das gar nicht merken oder nicht wahrhaben wollen.

Du solltest dich von nichts und niemandem zu Veränderungen zwingen lassen, wenn deine Seele dadurch in eine vorgefertigte Schablone gezwängt wird. Damit du zu jemandem, einer Gruppe oder einem System dazugehören kannst, wirst du leider zu oft dazu gedrängt, dich anzupassen und dich dadurch zu verändern. Veränderung an sich ist grundsätzlich weder etwas Positives noch etwas Negatives. Aber die Auswirkungen ungewollter, aufgezwungener Veränderungen können einen negativen Einfluss auf deinen weiteren Lebensverlauf und auf deine Seele haben.

Anstatt überall mitzumachen und dazugehören zu wollen, solltest du dich vielmehr in der Kunst üben, auf deinen inneren Rhythmus zu achten. Diese Achtsamkeit auf deinen seelischen Takt schenkt dir das Bewusstsein, deine Einzigartigkeit wieder zu erkennen und zu leben. Du brauchst ganz viele Sachen, Ereignisse und Menschen in deinem Alltag nicht. Wähle alle Angebote gezielt auf deine persönlichen Bedürfnisse abgestimmt aus. Lebst du deinen eigenen Rhythmus, wird es nicht möglich sein, dass andere Wesen oder Gruppierungen dich beeinflussen oder dich zu etwas zwingen können, was dir tief in deiner Seele widerstrebt. Um »dazuzugehören«, musst du in deinem Leben oft einen viel zu hohen Preis zahlen und kommst dadurch von den Zielen deiner spirituellen Reise ab.

Versuche, im Alltag auf den sanften und zwanglosen Rhythmus deiner Seele zu achten. Nur die Seele kennt deinen Lebensplan, dein Schicksal. Nur sie besitzt die Kenntnisse, die du für deine Entwicklung benötigst. Wenn du auf deine innere Stimme hörst und danach strebst, deine Entscheidungen und Wahlmöglichkeiten achtsam zu treffen, wirst du den zu dir gehörenden, tief in deine Seele eingebrannten Rhythmus finden, der dich wieder wohlbehalten in unsere Dimensionen zurückbringen wird.

Um während ihrer Inkarnationszeit dazuzugehören, verleugnen viele Seelen ihre Bedürfnisse und spielen den Mitmenschen etwas vor. Viele sind geradezu süchtig nach Anerkennung und Belohnung und versuchen, mit allen existierenden Methoden und Programmen so zu sein, wie sie andere gerne sehen möchten. Sie sind so darauf konzentriert, wie sie »sein sollten«, dass sie ihr Leben verstreichen lassen, ohne überhaupt zu »sein«.

Es gibt so viele, für die Spontaneität ein Fremdwort bedeutet. Spontan zu sein, heißt, sich selbst zu vertrauen, auch dem, was außerhalb unserer Kontrolle liegt.

Viele von euch haben sich durch Anpassung an andere mit den Jahren eine Kruste um ihre Seele errichtet, unter der die Spontaneität und die Leidenschaft begraben liegen. Lasst eure Seele von niemandem unter Druck setzen und bleibt für eure eigenen Erfahrungen offen. Nur sie bieten der Seele die Möglichkeit, zu wachsen und sich weiterzuentwickeln.

Letzten Endes bedeuten diese Erkenntnisse, dass du als Mensch nie ganz zu etwas außerhalb deiner Seele gehören solltest. Du solltest nie restlos in einem System oder einer Sache aufgehen, weil du damit deine innere Zugehörigkeit zu deinem Selbst versperren würdest.

Deine Seele ist der Ort, aus dem dich niemand ausschließen kann. Das ist dein Zuhause, zu dem du ohne Gegenleistungen und ohne dich verstellen zu müssen dazugehörst. Dies ist vor allem dann von entscheidender Bedeutung für dich, wenn einmal deine äußere Zugehörigkeit zu irgendeinem System infrage gestellt, angegriffen oder zerstört worden ist.«

Nichts ist schlimmer, als Verrat an seinen eigenen Überzeugungen, seinen eigenen Visionen, Hoffnungen und Träumen zu begehen.

Das wäre Verrat an der eigenen Seele.

Horst Bulla

Deine Seele »verkaufen«

Ryan Ellis: Gegenstand vieler volkstümlicher Sagen und Legenden ist der sogenannte »Teufelspakt«, ein mythologisches Handelsbündnis zwischen dem Teufel und einem Menschen. Dabei wird dem Teufel gegen Reichtum, Macht, Talent und weitere Sachen seine Seele verkauft. Auch in der Literatur wird dieses Thema immer wieder aufgegriffen.

Auf Wikipedia finden sich diverse Teufelspakt-Situationen mit unterschiedlichen Ausgangspunkten.

Der berühmteste Teufelspakt ist sicher der, welcher der Legende nach zwischen Faust und dem Teufel geschlossen wurde. Das zweiteilige Drama »Faust« von Johann Wolfgang von Goethe erlangte Weltruhm.

Ein ähnliches Beispiel findet sich im Roman »Das Bildnis von Dorian Gray«, worin Dorian Gray seine Seele an den Teufel verkauft und auf diese Weise nicht altert und ewige Jugend erhält.

Um die Schweizer »Teufelsbrücke« rankt sich die Sage, dass der Teufel im Zuge eines Pakts mit den Anwohnern die ursprüngliche Brücke gebaut habe und dafür als Preis die Seele desjenigen verlangte, der als Erster die Brücke überquerte.

Ich kann mich noch sehr gut an meinen Religionsunterricht erinnern, in der uns Kindern immer wieder in plastischen Bildern vom Fegefeuer, von der Hölle und vom Teufel erzählt wurde. Diese einprägsamen Geschichten haben aber nur eines erreicht: Sie haben uns Kindern Angst eingeflößt. Wir konnten damals natürlich nicht verstehen, dass sie nur aus dem Grunde erzählt wurden, uns davon abzuhalten, »schlimme und hässliche« Dinge zu tun, weil uns dafür das Fegefeuer oder sogar die Hölle drohte.

Diese altertümlichen Bezeichnungen passen nicht mehr zum modernen Weltbild und zu Konzepten, die nicht auf Schuld und Rache, sondern auf Vergebung und Unterstützung aufgebaut sind.

Mittlerweile weiß ich durch meinen Kontakt mit Simon, dass das Fegefeuer und die Hölle, so wie sie uns beschrieben worden sind, nicht existieren. Wenn eine Seele sich aber in einer Inkarnation eine große Schuld aufgeladen hat, wird sie sich über eine längere weltliche Zeitspanne an einem Ort aufhalten, an dem es dunkel, grau und kalt ist. An diesem Ort existiert weder Licht noch Liebe. Jede Seele hat aber die Chance, mithilfe von Lichtwesen aus diesem

Bereich wieder in lichtvollere Dimensionen aufzusteigen. Dies kann aber je nach Entwicklungsstand der Seele unterschiedlich lange dauern.

»Häufig schrumpft die wahre Identität eines menschlichen Wesens mittlerweile auf den Bezug zu seiner Arbeit und seinem Einkommen zusammen. Dadurch wird dein Leben begrenzt und auf einen einzigen Aspekt reduziert. Du entfernst dich immer mehr von deiner eigentlichen Persönlichkeit und deiner Seele.

Begegnest du einer solchen Person, so nimmst du nur noch die Rolle wahr, in der sie auftritt. Das richtige Leben dieses Menschen bleibt dir verborgen. Nur die nach außen gewandte Seite zu leben und anderen Wesen zu zeigen, ist sehr gefährlich. Deine Leidenschaft und deine persönlichen Gefühle werden damit beständig unterdrückt.

Das ist der Grund, weshalb heute so viele von euch über beständige Müdigkeit klagen. Es macht müde, sich laufend anzupassen und verstellen zu müssen. Wird die Müdigkeit zur bleiernen Schwere, kann sie den Schutz deiner Seele zerstören. Jeder, der in seinem Arbeitsumfeld an seiner oberflächlichen Rolle festhält, lebt sein Leben wie Sisyphus.* Du läufst irgendwann Gefahr, einen Zusammenbruch

---

* Mythos von Sisyphus: Sisyphus, in der griechischen Mythologie als Gründer der Stadt Korinth benannt, verärgerte Zeus, indem er dessen

zu erleiden. Ihr verwendet dafür den Begriff »Burnout«, was noch deutlicher zum Ausdruck bringt, was mit euch nicht mehr stimmt. Ihr seid ausgebrannt und leer. Durch einen Zusammenbruch unternehmt ihr einen verzweifelten Versuch, dieses Rollenspiel zu durchbrechen, zu beenden. Dies ist nichts anderes als ein verzweifelter Hilfeschrei eurer Seele.

==Die Seele birgt eine potenzielle Tiefe, der die Oberflächlichkeit der heutigen Arbeitswelt nicht mehr gerecht werden kann.== Alles verläuft zu oberflächlich und profitorientiert, und die Geschwindigkeit der Abläufe der Arbeitsprozesse nimmt ständig zu. Überall, wo die Dinge sich zu schnell verändern, kann sich nichts mehr stabilisieren und somit auch nichts mehr wachsen.

==Ein weiterer entscheidender Faktor für die Entwicklung der Seele ist die Zeit. Alles bei euch geschieht unter Zeitdruck. Ihr gönnt euch kaum mehr Pausen und habt keine Zeit mehr==

Aufenthaltsort dem Flussgott Asopos verriet. Als Strafe musste er in der Unterwelt einen riesigen Felsbrocken einen Berg hinaufrollen. Immer, wenn er glaubte, den Gipfel erreicht zu haben, rutschte ihm der Felsbrocken aus den Händen, rollte wieder den Berg hinunter – und Sisyphus musste von vorne beginnen. Er war dazu verdammt, die gleiche Aufgabe immer und immer wieder aufs Neue anzufangen, ohne sie je zum Abschluss bringen zu können.
Aufgrund dieser Geschichte benutzen wir für eine Arbeit, die trotz aller Bemühungen nicht fertiggestellt werden kann, den Ausdruck »Sisyphus-Arbeit«.

für zwischenmenschliche Gespräche und Erholung. Nicht zuletzt auch deshalb, weil mittlerweile auch eure Freizeitaktivitäten dieselben Risikofaktoren beinhalten wie eure Arbeitsprozesse. Ihr vernachlässigt dabei eure Seele und macht den entscheidenden Fehler, euch keine Zeit mehr für euch selbst zu nehmen.

Trotz deines überaus großen und idealistischen Einsatzes in deiner beruflichen Tätigkeit kommt es leider häufig vor, dass du dafür nicht die Anerkennung erhältst, die du verdienen würdest. Vielleicht ist es sogar so, dass andere aus deinem Team dafür belohnt oder befördert werden. Dies kann damit erklärt werden, dass die Vorstellung der Dinge, wie du sie gerne haben möchtest, nicht linear verläuft. Das heißt, du wirst deine Belohnung vielleicht nicht zu deinem von dir gewünschten Zeitpunkt oder von deinen für dich zuständigen Vorgesetzten erhalten. Aber du kannst dir sicher sein, dass sie nicht ausbleiben und positiv auf dich zurückfallen wird, sei es in diesem oder in einem deiner nachfolgenden Leben.

Um in der Arbeitswelt erfolgreich zu sein, verkaufen auch heute noch viele Menschen ihre Seelen. Damit ist gemeint, dass sie sich für Geld oder andere materielle Vorteile in totale Abhängigkeit begeben, um ihre Ziele zu erreichen, selbst dann, wenn dieses Verhalten ihren eigenen Idealen und Wertvorstellungen widerspricht.

Wenn du für materielle Werte oder Erfolg und Karriere deine Seele verkaufst, bedeutet das, dass du sie nicht achtest und ihr damit großen Schaden zufügst. Dir sind deine gesellschaftlichen Bedürfnisse wichtiger als deine seelischen, falls du zu diesem Zeitpunkt überhaupt noch an deine Seele glaubst.

In der Welt, in der du lebst, verkaufen sich unglaublich viele Wesen zu einem hohen Preis, um sich nicht einem System oder bestimmten Menschen unterordnen zu müssen. Das heißt, sie verkaufen sprichwörtlich ihre Seele für Ruhm und Reichtum und verlieren dabei jegliche Achtung vor sich selbst. Dies spiegelt sich in den unterschiedlichsten Berufsbranchen und Lebensbereichen wider, in der Musik und Filmindustrie, in der Politik, bei Banken und Konzernen.

Deine Seele zu verkaufen, beinhaltet den Aspekt, dass dir materielle Werte und Erfolg bedeutend wichtiger sind als deine seelische Entwicklung. Du solltest aber immer im Auge behalten, dass du bei der Rückkehr in unsere Dimensionen nichts Materielles mitnehmen und bei uns vorzeigen kannst. Es ist nur von Bedeutung, wie sich deine Seele entwickelt hat.«

Lebe dein Leben nicht,

um andere zu beeindrucken.

Beeindrucke dich

damit selbst.

ryan ellis

Kapitel 6

Seelenverbindungen
auf der Reise durch die Ewigkeit

 Meine wirkliche **Seelenfamilie**

»In unseren Dimensionen gehörst du einer bestimmten Seelenfamilie an. Wenn dein Körper schläft oder manchmal auch bei einer tiefen Meditation, kehrt deine Seele zu deiner Seelengruppe zurück. Du kannst dann mit deiner Seelenfamilie bewusst kommunizieren. Deine Seelengeschwister werden dir zuhören, dich trösten, ermutigen und beraten, damit du wieder mit neuen Lösungen und Ideen in deiner materiellen Welt aufwachen und zu deiner Tagesordnung übergehen kannst.

Jede Seelenfamilie hat als Einheit eine ganz bestimmte Aufgabe, und deine Seele ist nicht ohne Grund ein Teil von ihr. Du triffst vor deiner Inkarnation bestimmte Vereinbarungen mit deinen Seelengeschwistern, die du in einem oder mehreren Leben erfüllen möchtest. Da jede Seelenfamilie ganz bestimmte Fähigkeiten besitzt, wirst auch du diese Fähigkeiten in dir haben und dadurch deine konkreten Ziele auf der Erde besser angehen und umsetzen können.

Es sind nicht immer alle Wesen aus einer Seelenfamilie gleichzeitig inkarniert. Aber ihr seid alle wie durch ein unsichtbares Band immer miteinander verbunden. Einigen von deiner Seelengruppe wirst du vielleicht im Laufe deiner Inkarnation begegnen. Sie können deine Frau, dein Mann, deine Tochter, dein Sohn oder dein Lehrer sein. Du wirst diese seelenverwandten Wesen sofort erkennen, denn du spürst schon bei der ersten Begegnung etwas Vertrautes, etwas, das dich anzieht. Viele weitere Wesen aus deiner Seelenfamilie leben aber auf einem anderen Kontinent, und du wirst ihnen nie oder vielleicht nur einmal während deiner jetzigen Inkarnation begegnen. Trotzdem sind alle Seelen einer Seelenfamilie immer miteinander verbunden, und jede gemachte Einzelerfahrung kommt allen anderen Seelengeschwistern zugute.

Sobald du inkarniert bist, hat deine Seele bis zu deinem körperlichen Tod einen freien Willen. Du triffst deine Entscheidungen selbst und handelst so, wie du es gerne möchtest und für richtig hältst. Deine Seelenfamilie hat aber deinem persönlichen Willen übergeordnete Aufgaben. Damit du während deiner Lebenszeit nicht vergisst, was dein wirklicher Auftrag, deine Aufgaben und Ziele sind, finden die Mitglieder deiner Seelenfamilie durch die unterschiedlichsten Kommunikationsmöglichkeiten einen Weg, dir ihre Anliegen, Wünsche und Informationen zu übermitteln. Das realisierst du meist unbewusst in den Momenten deines Lebens, in denen du einen Neuanfang in Betracht ziehst oder durch bestimmte Umstände dazu gezwungen wirst, einen schlimmen Verlust erleidest oder sich dein Leben plötzlich von einem Tag auf den anderen völlig verändert. Viele schlimme Rückschläge und große Herausforderungen in deinem Erdenleben haben oft den Zweck, dich wieder bewusster deiner Lebensaufgabe zu stellen.

Die Entwicklung einer Seelenfamilie geht immer parallel mit der Entwicklung spezieller Fähigkeiten der Seele einher. Die Mitglieder einer Seelenfamilie entwickeln sich auf jeweils unterschiedlichem Niveau im Großen und Ganzen gleichzeitig.

Als Bestandteil einer Gruppenseele spiegelst du nebst ihren Fähigkeiten auch ihre Eigenschaften und ihre gemachten Erfahrungen wider. Je weniger sich deine Seelenfamilie als solche entwickelt hat, desto abhängiger bist du von ihr und desto weniger individuell ist deine eigene Seele ausgeprägt.

Als inkarniertes Wesen bedeutet deine Seelenfamilie für dich in erster Linie Schutz und auch eine Art Geborgenheit. Ohne zu einer Seelenfamilie zu gehören, wärest du nicht fähig, ein Leben auf dem Erdenplaneten zu leben. Es ist deine Seelenfamilie, die es dir aufgrund ihrer gesamten Erkenntnisse und Erfahrungen ermöglicht, deine irdische Existenz zu leben. Alles, wozu du noch nicht in der Lage bist, es selber zu erledigen, erledigt deine Gruppenseele durch dich. Diese Unterstützung geschieht, wie bereits erwähnt, bei deiner Rückkehr zu deiner Seelenfamilie während deines Schlafes. Dort wird deine Seele immer wieder über die neuesten Erkenntnisse und Erfahrungen deiner Gruppenseele informiert. Somit kann deine individuelle Entwicklung nur durch die Zusammenarbeit deiner Seele mit deiner Seelenfamilie vollzogen werden. Jede deiner gemachten Erfahrungen in deinen unterschiedlichen Inkarnationen wirkt sich auf deine Seelenfamilie aus, und jede positive Weiterentwicklung deiner Seelengruppe kommt dir als Einzelseele zugute.

Der Aufbau einer Seelenfamilie hat also in ihren Grundzügen sehr große Ähnlichkeiten mit einer Erdenfamilie. Jedes Mitglied macht während seiner Entwicklung eigene, persönliche Grunderfahrungen. Was der eine durchleben muss, braucht der andere nicht unbedingt auch zu erfahren. Die gemachten Erfahrungen und Erlebnisse wirken sich aber sowohl in positiver als auch in negativer Art und Weise immer auf die gesamte Familie aus.

Es ist von großer Bedeutung zu wissen, dass deine Seele auf jeder ihrer Entwicklungsstufen niemals alleine gelassen wird. Mitglieder der Seelenfamilie, verstorbene Menschen in unseren Dimensionen und viele Lichtwesen und geistige Führer sind ununterbrochen darum bemüht, deiner Seele in allen Dingen zu helfen und sie in allem zu unterstützen, damit sie ihre notwendigen Entwicklungsschritte auf dem Weg ins Licht vollziehen kann.

Die Seele ist eine alle Inkarnationen überlebende Identität menschlicher Existenz. Sie ist ewig und besitzt die Möglichkeit, Zeit und Raum zu überwinden. Egal ob sie sich in einem Körper oder in einer körperlosen, energetischen Existenz befindet, arbeitet sie immer an ihren Aufgaben. Obwohl die Seele sich immer wieder in anderen materiellen Erscheinungsformen befindet, bleibt sie doch immer Bestandteil ihrer Seelenfamilie.«

Die Entwicklung meiner Individualseele **innerhalb meiner Seelenfamilie**

»Mit jeder neuen Inkarnation erhält deine Seele weitere Möglichkeiten, sich zu entwickeln und dadurch immer selbstständiger und lichtvoller zu werden. Die Inkarnation ist eine Grundvoraussetzung für die Individualisierung deiner Seele. Durch die enge Berührung mit der Materie und der damit gemachten leidvollen oder wunderbaren Erfahrungen ist es der Seele überhaupt erst möglich, ihre Anlagen zu vervollkommnen. Die Erfahrungen deiner Seele stehen somit in engem Zusammenhang mit den Möglichkeiten und Begrenzungen deines jeweiligen menschlichen Körpers und der damit verbundenen Lebensweise.

Sobald deine Seele in einem menschlichen Körper inkarniert ist, ist sie, zumindest körperlich gesehen, von ihrer Seelenfamilie getrennt und erlebt so das Gefühl, in der materiellen Welt ein isoliertes Individuum zu sein. Dies geschieht aber nur auf der körperlichen Ebene. Mittels deiner Seele und deines Geistes bist du von deiner Geburt bis zu deinem Tod immer mit deiner Seelenfamilie verbunden.

Trotzdem erlebt der inkarnierte Mensch diese Situation innerlich als Trennung, eine Trennung von etwas, das ihm Geborgenheit und Schutz gewährt hat. Die Seele fühlt sich jetzt alleine und auf sich gestellt. Dieses Gefühl erleben Millionen von Erdenmenschen Tag für Tag. Sie erleben sich als Einzelwesen und sehnen sich nach Zugehörigkeit und Verständnis. Die Menschen, die an irgendeine höhere, göttliche Instanz glauben, finden sich viel einfacher mit dieser Tatsache einer vorübergehenden Trennung ab als jemand, der an nichts glaubt. Innerhalb des Glaubens an eine höhere Macht befinden sich die Zuversicht und das Wissen, dass wir niemals von der Urseele, der Urquelle, getrennt werden können und somit nie völlig alleine sind.

Bedingt durch das universelle Gesetz, dass das Innere deiner Seele nach außen strahlt, hängt die materielle Erscheinung deiner Seele in einem inkarnierten Körper immer auch mit deiner seelischen Entwicklung zusammen. Bei einer neuen Inkarnation wird sich deine Seele – je nach deinem Entwicklungsstand – in einem andersartigen menschlichen Körper befinden. Durch diese wechselnde Andersartigkeit erhältst du die Gelegenheiten und Chancen, dich anhand deiner Erlebnisse und Erfahrungen weiterzuentwickeln und damit immer mehr zu einer einzigartigen Persönlichkeit zu werden.

Der im Vordergrund stehende Charakter und die Einstellungen und Haltungen eines Menschen während einer Inkarnation beziehen sich nicht nur auf das jeweilige Erdenleben. Sie sind Bestandteil der Individualität der Seele und setzen sich durch ihre Gesamtentwicklung fort. Diesen Grundcharakter der Seele findet ihr auch in unseren Dimensionen. Lichtwesen, Schutzengel oder geistige Führer haben jeweils ihren eigenen ursprünglichen Charakter und die damit verbundenen Besonderheiten, die ihre Seelen auszeichnet.

Der Charakter und die Grundhaltung einer Seele hängen zu einem gewissen Teil mit den Aufgaben zusammen, die der Seele von der Seelenfamilie gestellt werden.

Es ist für die Seelenfamilie bedeutsam, dass sich die Einzelseelen individuell entwickeln. Je mehr sich eine Einzelseele entwickelt, je selbstständiger und unabhängiger sie von ihrer Seelenfamilie wird, desto schneller entwickelt sich die ganze Seelenfamilie.

Die Seelenfamilie kann und wird sich auflösen, sobald jede Einzelseele zu ihrer Individualität gefunden hat und somit alle zu erfüllenden Aufgaben der Gruppenseele erfüllt sind.

Als Einzel- oder Individualseele kann sich deine Seele in unseren Dimensionen selbstständig weiterentwickeln und dadurch immer mehr zu reiner Lichtenergie werden, bis sie wieder ins Lichtmeer der Urseele eintauchen und zur Quelle zurückkehren darf.«

Seelenverbindungen zur eigenen Seelenfamilie **während der gegenwärtigen** Inkarnation

»In deinen unterschiedlichen Inkarnationen wirst du immer wieder auf Seelen aus deiner Seelenfamilie treffen. Ein Teil deiner Seelengruppe ist immer zur selben Erdenzeit mit dir zusammen inkarniert.

Vielleicht darfst du während vieler Jahre mit so einer Seele zusammen sein, oder du triffst sie in deinem Leben nur für ein paar Sekunden. Eure Begegnungen sind aber niemals zufällig, sondern in euren Lebensplänen abgesprochen.

Wenn in deinem Leben schwierige Konstellationen oder Erlebnisse angesagt sind, genügt das bloße Wissen um eine Verbundenheit zu deiner Seelenfamilie meistens nicht mehr. So ist es vom Universum geplant, dass bei solchen Gelegenheiten Seelen aus deiner Seelenfamilie, die gleichzeitig mit dir inkarniert sind, in dein Erdenleben treten, um dir in diesen schwierigen Momenten zu helfen und dich zu begleiten. Daher triffst du in deinem Leben oft in den verrücktesten und schlimmsten Situationen auf Menschen, die dich in einer ganz bestimmten schwierigen Herausforderung unterstützen und dir bei der Aufarbeitung oder Lösung eines Problems helfen.«

New York City

Ryan Ellis: Vor einigen Jahren beschloss ich, eine Weiterbildung in New York zu absolvieren. Obwohl ich mich sehr darauf freute, war ich innerlich auch ein wenig angespannt, weil ich nicht wusste, was mich in dieser Stadt erwartete.

Nach meiner Landung am John F. Kennedy Flughafen fuhr ich mit einem Taxi zu meiner neuen Wohnadresse, einem Loft in einer Studenten-WG in Downtown. Es schien niemand da zu sein, der mir hätte öffnen können. So blieb mir nichts anderes übrig, als mich zwei Straßen weiter in einen DEAN & DELUCA-Store zu setzen und mir an der Bar einen Kaffee zu holen.

Ich wurde von einem sympathischen jungen Mann bedient, mit dem ich sofort ins Gespräch kam. Wie es sich herausstellte, kam er aus Norwegen, war Student und hatte in dieser Woche sein Studium an derselben Universität beendet, an der ich am nächsten Tag um neun Uhr zu einem Eintrittstest erscheinen sollte.

Ich erklärte ihm, dass ich gerade eben in New York angekommen sei und noch nicht in meinen Loft könne, weil ich noch keine Schlüssel habe. Da seine Schicht im DEAN & DELUCA in einer halben Stunde beendet war, beschlossen wir spontan, noch etwas essen zu gehen.

Beim Italiener erfuhr ich im weiteren Verlauf unserer Unterhaltung, dass meine Zufallsbekanntschaft am darauf folgenden Tag nach Norwegen zurückfliegen würde. Er bot mir an, mir noch ein paar Tipps und Adressen aufzuschreiben, die mir in meinen ersten Wochen in dieser Stadt von Nutzen sein würden. Aber irgendwie haben wir im Laufe des Abends dann nicht mehr daran gedacht.

Nach einem interessanten und lustigen Abendessen, bei dem wir uns über alle möglichen Dinge unterhalten hatten, verabschiedeten wir uns. Als wir aufs Taxi warteten, stellten wir verblüfft fest, dass wir an derselben Adresse wohnten. Er war der Vormieter meines Lofts und schlief in seiner letzten Nacht in New York noch bei einem Mitstudenten aus meiner neuen WG.

Als ich am nächsten Morgen erwachte, fand ich ein unter meiner Wohnungstüre durchgeschobenes Stück Papier, auf dem für mich diverse wichtige Adressen, Tipps und Telefonnummern standen. Als ich mich bei dem jungen Mann bedanken wollte, war er bereits abgereist.

Es ist seltsam. Ich kann mich heute nicht einmal mehr an seinen Namen erinnern. Aber ich werde wohl nie vergessen, dass er maßgeblich daran beteiligt war, dass ich mich in New York bereits vom ersten Tag an wie zu Hause gefühlt habe. Immer, wenn ich in dieser Stadt wieder einmal in einem DEAN & DELUCA-Store sitze, werde ich wieder an diesen jungen Mann aus Norwegen erinnert.

Ich bin dem Universum heute noch sehr dankbar, dass es mir damals als erste Begegnung in dieser Millionenstadt den für mich in diesem Moment genau richtigen Menschen geschickt hat.

Heute bin ich mir sicher, dass es jemand aus meiner Seelenfamilie war.

Seelen begegnen einander niemals zufällig.

Neale Donald Walsch

Sensible, reife Seelen
– oft ausgewählt für
ganz bestimmte Aufträge

»Eine reife Seele hat schon unzählige Inkarnationen durchlaufen und dadurch sehr viele wertvolle Erfahrungen sammeln können. Aufgrund dieser unzähligen Lernprozesse besitzt die reife Seele hohe spirituelle und intuitive Fähigkeiten.

Menschen mit einem hohen Seelenalter fühlen sich auf eurem Erdenplaneten oft nicht glücklich und nicht wirklich zu Hause. Das Wissen um die geistigen Gesetze im Universum ist bereits so stark ausgeprägt, dass ein Erdenleben für diese Seelen sehr mühsam und beschwerlich sein kann. Sie sind an vielen materiellen Sachen wie Status, Ruhm und Geld nicht mehr sonderlich interessiert, weil sie wissen, dass dies nicht die Dinge sind, die eine Seele in ihrer Entwicklung weiterbringen.

Reife Seelen wirst du nicht auf Anhieb erkennen. Sie werden aber das Gegenteil von einem ruhig verlaufenden Leben aufweisen und müssen meistens mit großen Herausforderungen umgehen. Die reifen Seelen werden aufgrund ihrer Erfahrungen und Erkenntnisse von unseren Dimensionen oft für wichtige Spezialaufgaben eingesetzt.

Eine reife Seele ist auf eine einfache Art und Weise spirituell und hat einen natürlichen Zugang zu ihren inneren Bildern. Sie kann Dinge wahrnehmen, die anderen Menschen verborgen bleiben, ist sehr sensibel und kann immer auf ihre innere Stimme hören. Bei allen Dingen, die sie tut, strahlt sie auf ihre Mitmenschen eine natürliche Autorität, Ruhe und Geborgenheit aus. Das Zusammensein mit einer reifen Seele ist wohltuend und macht glücklich, selbst wenn rundherum alles im Chaos versinkt.

Oberflächlichkeit ist für reife Seelen nicht nachvollziehbar. Alles, was sie machen, denken und tun, entspringt dem Wunsch, es anderen Menschen recht machen und dabei niemanden verletzen zu wollen.

Ein weiteres Hauptmerkmal ist das Gefühl, sich innerhalb einer großen Menschenmasse völlig einsam und nicht dazugehörend zu fühlen. Zudem wird die reife Seele anderen immer schnell vergeben, weil sie weiß, dass alles, was in diesem Leben nicht verziehen und aufgearbeitet wurde, in ein nächstes Leben mitgenommen werden muss.

Viele reife Seelen halten sich in ihrem menschlichen Dasein eher bedeckt und sind von der Außenwelt nicht auf den ersten Blick erkennbar. Sie wirken lieber im Stillen, im Hintergrund, wobei aber ihre eigentliche Aufgabe als Ratgeber und Mentor nicht unterschätzt werden darf. Manche fühlen sich beständig krank, weil sie sich nicht mit dem Leben eurer aktuellen Zeit identifizieren können. Das bewirkt, dass sie sich gerne zurückziehen und in eine gewisse Einsamkeit fallen. Das wird von unseren Dimensionen aus nicht gerne gesehen, weil die reife Seele in totaler Zurückgezogenheit ihre Aufgaben nicht voll erfüllen kann.

Du lebst in einer Zeit, in der man nicht mehr alles verstecken kann. Lügen und Komplotte werden schneller aufgedeckt. Für reife Seelen ist die Wahrheit sehr wichtig. Sie haben ein unglaublich klares Gespür für das Wesentliche und erkennen die Lügen anderer Seelen sofort.

Da eine reife Seele vielleicht eine ihrer letzten Inkarnationen oder sogar ihr letztes Erdenleben auf eurem Erdenplaneten verbringen wird, muss sie noch ihre allerletzten karmischen Verbindungen auflösen und Altlasten abtragen. Dies kann unter Umständen sehr schmerzhaft für sie sein, weil mit großer Wahrscheinlichkeit auch ihre Seelenverbindungen bereits reife Seelen sein werden.

Ein weiteres Merkmal im Zusammenhang mit einer Verbindung mit einer alten Seele ist die Tatsache, dass sie lieber alleine wohnen möchte und ihren Freiraum braucht. Das dauernde Zusammensein mit einem Partner, einer Partnerin macht die reife Seele nicht glücklich.

Ich möchte hier noch speziell erwähnen, dass eine reife Seele nicht identisch sein muss mit einem älteren Menschen. Es gibt zwanzigjährige reife Seelen, die spirituell viel weiter entwickelt sind als siebzigjährige.

Zudem ist es bedeutsam zu wissen, dass reife Seelen ganz gezielt auf unterschiedlichen Kontinenten und in unterschiedlichen Ländern inkarnieren, um so möglichst den ganzen Erdenplaneten positiver und lichtvoller werden zu lassen.

Das Universum und die Lichtwesen wählen reife und erfahrene Seelen, die das Wissen um die Gesetze des Universums bereits durchlebt und verinnerlicht haben, gerne für Spezialaufträge aus. Solche Seelen müssten eigentlich nicht mehr inkarnieren. Sie machen es freiwillig, zum Wohl der gesamten Menschheit, obwohl dies für sie in den meisten Fällen nicht einfach ist.

Diese Seelen können durch ihre freiwillige Inkarnation in eurer Welt viel verändern und zum Positiven lenken. Reife Seelen sind willensstark, klug, diplomatisch und besitzen die Fähigkeit, in sich zu ruhen. Sie prägen mit ihrem Dasein ein breites menschliches Umfeld und können durch ihr Charisma die Denkweise und Handlungen von Tausenden von Menschen beeinflussen und verändern.«

Das Erkennen der Muster in unserer aktuellen Inkarnation

»Im Universum existieren zwei große Kräfte – die Liebe und die Angst.

Durch die Liebe hat deine Seele Zugang zu allem, was sie auf ihrem Weg ins Licht benötigt. Durch die Angst erreichst du, dass deine Seele blockiert wird und du mit der Zeit den Zugang zu ihr nicht mehr finden kannst. Angst ist zerstörerisch und beinhaltet Muster wie Egoismus, Hochmut, Gier, Unzulänglichkeit und Wertlosigkeit, die durch Muster der Liebe wie Annahme, Akzeptieren, Hingabe und Erfüllung wieder aufgeweicht oder für immer gelöscht werden können.

Ob bewusst oder unbewusst, schwebt deine Seele immer zwischen diesen zwei Polen hin und her. Je nachdem, was du glaubst und fühlst und wie du dein Leben lebst, wirst du dich näher bei der Liebe oder bei der Angst wiederfinden.

In einer Inkarnation durchlebt die Seele in immer wieder anderen Situationen und Handlungen gewisse Grundmuster, aus denen du konkrete Dinge lernen sollst. Du musst Durchsetzungskraft entwickeln, um deine Lebensziele erreichen zu können, und dabei Verantwortung für dich und andere übernehmen.

Oft ist es so, dass du in immer wieder ähnlichen Herausforderungen gleich reagierst. Dieses dabei entstehende oder sich verstärkende Muster prägt sich deiner Seele ein, und je mehr du es wiederholst, desto stärker wird es. Ist das Muster für dich negativ, wirkt es in Richtung Angst und Zerstörung.

Negative Muster sind meist in deiner Kindheit entstanden oder du hast sie als unbearbeitete Muster aus einem deiner früheren Leben mit in dein jetziges Leben gebracht, mit dem Ziel, sie nun endgültig aufzulösen.

Um negative Muster zu durchbrechen, musst du sie zuerst einmal erkennen. Viele wollen diese Muster nicht sehen und blenden sie absichtlich aus. Oft werden sie euch dann in euren Beziehungen vorgehalten. Das kann Eifersucht, Kritikunfähigkeit, Streitsucht, Egoismus und vieles mehr sein. Alle diese Muster haben im Grunde genommen etwas mit Angst zu tun und bewegen sich somit im negativen Bereich. Du musst also zuerst lernen, deine Ängste loszulassen, deine Angst vor Abweisung, vor dem Verlassenwerden oder davor, nicht gut genug zu sein. Hinter all diesen Dingen, vor denen du Angst hast, verstecken sich alte Muster, die du dir irgendwann einmal angeeignet hast. Sind sie zur Gewohnheit geworden, kannst du sie auch wieder loswerden.

Es ist sehr wichtig für deine Seele, dass du negative Muster in deinem jetzigen Leben nicht verstärkst, sondern erkennst und an ihnen arbeitest. Diese Muster können auf deinem Weg zu Erfolg, Glück, Gesundheit und Liebe ein großes Hindernis sein. Ob diese Muster aus deiner Kindheit oder aus einer deiner früheren Inkarnationen stammen, ist unerheblich. Wichtig ist, dass du sie erkennst. Um ein negatives Angstmuster zu erkennen, brauchst du meist einen Spiegel von außen, also eine andere Seele, die entweder das gleiche Muster aufweist wie du oder die dir zu verstehen gibt, dass sie mit jemandem, der ein solches Muster mit sich herumträgt, nicht zusammenleben kann. Das ist dein Signal, deinem Muster den Kampf anzusagen. Wenn du den Kampf gewinnst, wird das negative Muster keine Macht mehr über dich haben.

Vielleicht brauchst du dabei Unterstützung. Du kannst sie von deinen dich liebenden Mitmenschen, aber auch aus unseren Dimensionen erhalten. Bitte um Hilfe, und es wird dir geholfen. Das Universum schlägt keine Bitte ab, wenn sie für dich positiv ist.

Das menschliche Wesen ist sehr gut darin, den Status Quo, den IST-Zustand, zu erhalten. Dies setzt für deine Seele eine große Bereitschaft, einen großen Willen voraus, immer wiederkehrende negative Verhaltensmuster zu verändern. Du brauchst keine Angst vor Fehlentscheidungen zu haben.

Durch Angst verlierst du deine Motivation. Es ist immer noch besser, einmal eine Fehlentscheidung zu treffen, als gar keine Entscheidung zu fällen.

Deine Verhaltensmuster und Prägungen bestimmen dein ganzes Leben und somit die Entwicklung deiner Seele. Schon der Gedanke an die kleinste Veränderung erzeugt bei vielen Menschen mit negativen Mustern Unbehagen. Lerne Selbstdisziplin und arbeite mit dem Universum zusammen. Wenn du deine für dich und andere Menschen negativen Muster auflösen kannst, wird deine Seele es dir tausendfach verdanken. Gelingt dir dies nicht, wird sie diese Muster in ihre Seelenfamilie mitnehmen müssen, und du wirst in einem deiner nächsten Leben noch einmal daran zu arbeiten haben.«

Die beste Waffe gegen Stress ist unsere Fähigkeit, einen Gedanken dem anderen vorzuziehen.

William James

Kapitel 7

Die Seelenernte

Das Mysterium der Zeit – alles ist vergänglich

Ryan Ellis: Bereits in »sternenflüstern« habe ich über die »Zeit« gesprochen. Ein Phänomen, das in anderen Dimensionen nicht existiert. Wir leben unser Leben mit einem linearen Zeitbegriff, bei dem alles aufeinander folgt. Wir teilen die Zeit in Gegenwart, Vergangenheit und Zukunft ein. Aber in Wahrheit passiert alles im JETZT, in der ICH BIN GEGENWART.

Niemand weiß ganz genau, was Zeit eigentlich ist. In unserer westlichen Welt ist die Zeit etwas Begrenztes, das auf einer Linie abläuft. Dabei stellen wir uns vor, dass die Zeit verrinnt, dass sie vergeht. Ich kann mich noch heute an eine Theateraufführung erinnern, die ich als Kind besucht habe. Irgendwo im Stück gab es eine Passage, in der ein Lied über den Tod gesungen wurde. Jemand hielt eine riesige Sanduhr in der Hand, in der die Zeit unaufhörlich zerrann.

Viele Kulturen, die sich eng mit der Natur verbunden fühlen, sehen die Zeit als einen Kreis, einen immer wiederkehrenden Kreislauf. Der Winter geht in den Frühling über, aus diesem kommt der Sommer hervor und im Herbst gelangt das Jahr zur Vollendung. Der Kreislauf der Zeit steht nie still, wird nie unterbrochen. Auch der Rhythmus eines Tages ist ein Kreis. Er bewegt sich aus der Nacht in den Morgen und taucht abends wieder in die Nacht ein.

Der Kreis ist eines der am meisten verbreiteten Symbole im Universum.

Nach Pythagoras ist der Kreis die vollkommenste Form, die alles beinhaltet und aus der alles hervorgeht. Der Kreis bildet keinen Anfang und kein Ende. Er ist endlos und somit ewig das Ursymbol schlechthin. Der Kreis bietet im Inneren Schutz und Geborgenheit und nach außen Abgrenzung gegen alles, was nicht zu uns gehört.

Viele spirituelle und energetische Symbole basieren auf Kreisen oder Kreisstrukturen. Bereits vor einigen Jahren hat man die *Blume des Lebens* wiederentdeckt, die mit ihrem geometrischen Muster das Streben des Menschen nach Ganzheit und Einssein mit dem Zentrum widerspiegelt.

Diese zyklischen Weltbilder schenken uns Gelassenheit. Es geht hier nicht um die Uhrzeit, sondern darum, wann die Zeit für etwas reif ist. Die Zeit der Reife beinhaltet sowohl den Anfang als auch das Ende und bewahrt uns deshalb vor dem Empfinden eines Verlustschmerzes.

Werden wir älter, wirkt die Zeit auf unseren Körper, auf alle unsere Erfahrungen, aber ganz stark auf unsere Seele. Das Bild des Kreises verleiht dem Alterungsprozess eine neue Form, eine neue Perspektive. Das Leben ist mit dem Alter nicht fertig. Es beginnt wieder neu.

»Die Tatsache und das Anerkennen der Vergänglichkeit machen euch Angst. Am liebsten würdest du immer alles so lassen, wie es ist, vor allem in den Momenten, in denen es dir gut geht und in denen du dich glücklich fühlst.

Damit deine Seele sich entwickeln kann, braucht sie aber Wachstum und keinen Stillstand. Wachstum geschieht nur durch Veränderung. Es wird sich immer alles verändern. Nichts im ganzen Universum wird so bleiben, wie es JETZT gerade ist.

Deshalb sind alle Dinge, Momente und Wesen vergänglich, was bedeutet, dass du dich mit deiner Vergänglichkeit anfreunden musst, ob du das willst oder nicht. Bist du dir deiner eigenen Vergänglichkeit bewusst, wirst du deine Inkarnationszeit bereichern, indem du nichts auf später verschiebst, sondern möglichst bewusst im Jetzt, in der Gegenwart, lebst.

Dein Leben ist eine Aneinanderreihung von Momenten, vergleichbar mit Perlen, die an einer Kette aufgezogen werden. Alle diese Momente sind die Bilder eines Augenblicks, der sich in dieser Form und Zusammensetzung nicht noch einmal genau so wiederholen wird. Aus diesem Grund ist jeder einzelne Moment, jede einzelne Perle etwas Einzigartiges und Wertvolles. ==Du solltest diesen Momenten in deinem Leben deine volle Beachtung schenken und sie wertschätzen.==

Ist dir bewusst geworden, dass du dich nicht ein zweites Mal in dieser gerade ablaufenden Situation befinden wirst, wirst du diese Augenblicke mehr genießen und sie bewusster und intensiver wahrnehmen.

Sei dir aber immer bewusst, dass deine Vergänglichkeit sich niemals auf deine Seele bezieht. Auch wenn dein Körper altert und an Gesundheit und Kraft einbüßt, bleibt er immer mit deiner Seele verbunden und fühlt sich in ihr selbst zu Hause und aufgehoben.

Alt zu werden, ist für dich oft deswegen so furchteinflößend, weil es dir erscheint, dass du langsam deine Selbstständigkeit und damit deine Unabhängigkeit verlierst. Solange du jung bist, kommen dir die Menschen, die älter sind als du, uralt vor. Aber das geschieht nur durch eine Betrachtungsweise, die ihren Fokus auf den menschlichen Körper, die äußerliche Hülle, richtet. Was einen jungen Menschen von einem alten, gebrechlichen Wesen unterscheidet, ist somit nur die Zeit. Die Seelen beider Wesen werden nie an die Zeit gebunden sein, weil für sie die Zeit nicht existiert. Die Seele ist nicht vergänglich – und somit bist du nicht vergänglich. Du brauchst also keine Angst vor der Vergänglichkeit zu haben, weil sie nur für das Materielle und somit auch nur für deinen Körper Gültigkeit hat, nicht aber für deine Seele.«

◆ **Deine Seele** am Ende **deines** jetzigen **Lebens**

»Viele von euch durchleben ihre jetzige Inkarnation wie eine Reise mit extrem hoher Geschwindigkeit. Sofern du noch berufstätig bist, wirst du immer zu wenig Zeit haben. Es wird dir die Zeit fehlen, das zu tun, was du gerne tun möchtest, was für dich eigentlich das Wichtigste in deinem Leben wäre und erste Priorität haben sollte.

Wir stellen mit großem Bedauern fest, dass die Menschen in ihrem Alltag so viele unnütze Dinge tun oder eben tun müssen, die für die Entwicklung der Seele keine Bedeutung haben und ihr sogar Schaden zufügen können. Durch die rasante Entwicklung der Technologie hat sich dein Alltag und das Gefühl für die Zeit völlig verändert. Viele Menschen fühlen sich immer mehr ausgelaugt und innerlich leer. Es wird zunehmend schwieriger für sie, auf die innere Stimme, die inneren Eingebungen zu achten. So haben bereits sehr viele Wesen die Verbindung zu ihrer Seele unterbrochen oder finden nur noch schwer einen Zugang zu ihr. Das ist problematisch, wenn du weißt, dass du in Wirklichkeit deine Seele bist und nicht der Mensch, den du im Spiegel sehen kannst.

Die Zeit ist in der Moderne zu einem Faktor geworden, der die Seele in ihrer Entwicklung hemmt oder sie gar nicht mehr bewusst mit einbezieht. Wir registrieren aus unseren Dimensionen Millionen von »seelenlosen« Menschen. Wesen, die den Bezug zu ihrer Seele im jetzigen Leben verloren haben. Für diese Menschen wird es bei ihrem Tod nicht einfach sein, sich wieder als reine Seele zu fühlen, da sie diese in ihrer Inkarnation völlig vernachlässigt oder gar nicht an deren Existenz geglaubt haben.

Ob du mit deiner Seele in bewusstem Kontakt stehst oder nicht, die Seele nimmt alles auf, was in jedem kleinsten Bruchteil deines Lebens geschieht, und vergisst dabei nichts. Eine wichtige Rolle spielen dabei dein Wille und dein Fühlen, mit denen du praktisch alle deine Aktivitäten steuerst.

Bis du in deinem Leben endlich Zeit für die Dinge hast, die du gerne machen würdest, bist du bereits alt geworden. Du hast inzwischen den größten Teil deiner Lebenszeit bereits hinter dir und beginnst mit einer Rückschau. Dir wird bewusst, dass du noch viele Dinge machen möchtest, die du immer wieder hinausgeschoben hast. Du weißt innerlich auch, dass du ganz bestimmte Aufträge aus deinem Lebensplan noch nicht erfüllt hast. Deine Seele macht sich dadurch bemerkbar, dass du viel über dein bisheriges Leben nachdenkst, und du beginnst, Bilanz zu ziehen.

Dies ist eine sehr wichtige und entscheidende Phase für dich, in der du deinen Kontakt zu deiner Seele wiederherstellen kannst, sofern du ihn in den vergangenen Jahren vernachlässigt oder gar verloren hast. Aus diesem Grund kann das Alter eine wunderschöne Zeit sein, vor allem wenn dein Körper noch mitspielt. Du kannst aus deinen wertvollen Erfahrungen schöpfen und profitierst von der Gnade des Vergessens. Vieles, das dich in deinem Leben geärgert hat, geht langsam verloren und ist für dich nicht mehr wichtig.

Das absolut Schönste am Alter ist, dass du machen kannst, was du möchtest, weil du dich nicht mehr zu kümmern brauchst, was andere Menschen dazu sagen. Darauf hast du zu lange gewartet. Älterwerden ist unvermeidlich, aber keine Katastrophe, wenn du dabei deinen Fokus auf das Positive richtest, anstatt laufend die negativen Aspekte des Alters zu betonen.

Deine Zellerneuerung funktioniert ein Leben lang. Dein Handeln und Denken wird in der Endphase deines jetzigen Lebens zwar langsamer, aber das wirkt sich auch äußerst positiv auf deine Entscheidungen aus. Viele Menschen sind im Alter produktiver, motivierter und wissbegieriger, als sie es jemals vorher in ihrem Leben waren.

Bekämpfe deine falschen Vorstellungen von der Endphase deines Lebens, indem du das Altsein nicht mit Krankheit,

Pflegebedürftigkeit, Schmerzen und Einsamkeit verknüpfst. Du kannst deine letzte Lebensphase sehr positiv beeinflussen, indem du ihr viele, für dich gewinnbringende Aspekte zuschreibst und ihr gelassener entgegensiehst. Statt das Alter als Bedrohung anzusehen, betrachte es als Bereicherung und Chance für deine Seele, gewisse Dinge aus deinem bisherigen Leben aufzuarbeiten oder würdevoll abzuschließen. Die Phase des Älterwerdens kann für deine Seele einen großen Gewinn bedeuten. Bewahre dir deine Neugierde. Sie ist der Motivator für alles. Bleibe aufgeschlossen und habe den Mut, aus gewohnten Bahnen auszubrechen, um endlich das zu tun, was du schon lange hättest tun sollen.«

Ryan Ellis: Fast allen Menschen fehlt die Zeit für die wirklich wichtigen und wesentlichen Dinge. Zu diesem Schluss kam eine im Herbst 2017 publizierte Studie einer Zürcher Forschungsstelle. Sie untersuchte, wie Schweizer und Schweizerinnen mit der Zeit umgehen, falls sie überhaupt Zeit haben. Wenig überraschend ist die Tatsache, dass sich rund die Hälfte der Befragten manchmal und etwa dreißig Prozent dauernd gestresst fühlen. Auffällig ist, dass sich Frauen im Vergleich zu Männern vermehrt mit Stress konfrontiert sehen.

Eine weitere Erkenntnis der Studie ist, dass Stress einen negativen Einfluss auf die Zufriedenheit in Bezug auf die eigene Lebenssituation hat. Wer es schafft, seine Lebensbereiche in einen harmonischen Einklang zu bringen, hat eine viermal höhere Lebenszufriedenheit als ein Mensch, der aus zeitlichen Gründen dauernd gestresst ist.

Unsere Sucht nach Tempo, Stimulation und dauerndem Gebrauch von Medien hat in den letzten Jahren stark zugenommen. Werden das Gehirn und der Körper permanent von Reizen überschüttet, werden wir süchtig danach. Wir sollten uns entscheiden, anders und bewusster mit der uns zur Verfügung stehenden Lebenszeit umzugehen und uns immer bewusst sein, dass sie beschränkt ist.

Du hast eine Aufgabe
zu erfüllen.

Du kannst tun, was du willst,
kannst Hunderte von Plänen
verwirklichen,
kannst ununterbrochen
tätig sein.

Aber wenn du diese
eine Aufgabe nicht erfüllst,
wird all deine Zeit
vergeudet sein.

 Rumi

Dein Seelenspeicher – **alles bleibt unauslöschlich in deinem** Gedächtnis

»Die Erinnerungen, die sich im Laufe jeder Inkarnation bilden und sich in deinem Gedächtnis ansammeln, gehören unauslöschlich zu deiner einzigartigen Seele und sind etwas Einmaliges und Wunderbares.

Deine Seele ist der Ort, an dem deine Erinnerungen leben. Ein Ort, der nicht an die linearen Abfolgen von »gestern – heute – morgen« auf deinem Erdenplaneten gebunden ist, sondern im ewigen JETZT lebt. In deiner Seele werden alle deine Erlebnisse und gemachten Erfahrungen als Erinnerungen gesammelt, geordnet und für dich aufbewahrt.

Dein Gedächtnis dehnt sich mit jeder neuen Inkarnation immer weiter aus und formt dadurch deine Seele. Wirkliche Erinnerungen sind keine mechanisch abrufbaren, isolierten Einzelprozesse. Sie besitzen eine unglaubliche Tiefe und machen das aus, was deine Seele in Wirklichkeit ist, das, was du BIST.

Mit zunehmendem Alter verfällt dein Körper immer mehr und wird schwächer, aber deine Seele gewinnt an Reichtum. Das innere Licht deiner Seele wächst und wird zunehmend heller. Im Alter kommen viele deiner Erinnerungen aus deiner bisherigen Lebenszeit wieder zum Vorschein. Du findest dann Zeit, sie noch einmal in Ruhe zu durchleben und in Frieden abzuschließen. Du wirst am Ende deines jetzigen Lebens alle deine gemachten Erfahrungen als Erinnerungen in deiner Seele in unsere Dimensionen mitnehmen. Aber nur diejenigen, die du nicht aufgearbeitet, mit denen du keinen Frieden geschlossen hast oder bei denen es dir schwerfällt, Vergebung zu zeigen, werden dich auch in einer neuen Inkarnation wieder beschäftigen.

Weil nichts von allem, was dir in einem Erdenleben widerfährt, jemals vergessen sein wird, hast du mit dem Alter die wunderbare Möglichkeit, zurückzuschauen und viele deiner gemachten Erfahrungen noch einmal zu betrachten. Das sind sowohl schöne Momente als auch schwierige Zeiten, die dir aber beide Wachstum und Entfaltung gebracht haben. Dadurch wird das Alter zu einer Phase, in der du deine Erlebnisse und Erfahrungen aus diesem Leben zusammentragen und noch einmal neu überdenken kannst. Das Alter bedeutet somit eine langsame Rückkehr, ein Nach-Hause-Kommen in die Seele, an den Ort deiner Erinnerungen.

Durch das Zurückkehren zu deiner Seele, zu DIR SELBST, lernst du, dich nach einem aufreibenden und hektischen Leben wieder voll und ganz in deine Seele zu integrieren, dich wieder in ihr zu Hause zu fühlen.

Am Ende eines Erdenlebens gibt es unglaublich viel, das in die Seele eingegliedert werden muss.

Bereits an einem ganz normalen Tag in deinem jetzigen Leben ereignen sich so viele Dinge, die dir gar nie völlig bewusst sein können. Im Alter noch einmal in deine Vergangenheit zurückzureisen, bedeutet, viele Dinge aus deinem jetzigen Leben noch einmal in dein Bewusstsein zu lassen und dann in Frieden und Harmonie abzuschließen. So integrierst du das Geschehene positiv in dein Seelengedächtnis. Durch diesen Vorgang ermöglichst du jedem deiner Erlebnisse, zu einer *Erfahrung* zu werden. Erst durch die Erkenntnis der Erfahrung ergeben viele Dinge in deinem Leben plötzlich einen Sinn.«

Aufmerksamkeit ist der Schlüssel zur Erinnerung.

ryan ellis

Ryan Ellis: Kate Jeffery, Professorin für Biopsychologie am University College in London, erregte dieses Jahr Aufsehen mit ihrem Artikel »Erinnerung ist manipulierbar«.

In einem Internet-Bericht erklärt sie, dass das Gedächtnis uns manchmal trügt und dies mit der Instabilität und dem Haushalt unseres Gehirns zu tun hat. Was jedoch beinahe schon unheimlich klingt, ist ihre Aussage, dass sich Erinnerungen auch gezielt verfälschen lassen.

Nach Kate Jeffery haben im letzten Jahrhundert drei wissenschaftliche Entdeckungen unser Bild vom Funktionieren des Gedächtnisses verändert.

Sie schreibt:

»Früher hielten wir Erinnerungen für wahrheitsgemäße Aufzeichnungen vergangener Ereignisse, wie eine Videoaufnahme im Kopf, die bei Bedarf jederzeit abgespielt werden kann. Im letzten Jahrhundert haben drei wissenschaftliche Entdeckungen dieses Bild verändert. Zwei dieser Entdeckungen datieren schon weiter zurück, die dritte ist neueren Ursprungs.

Vor längerer Zeit erfuhren wir, dass das Gedächtnis nicht etwa wie eine Aufzeichnung, sondern wie eine Rekonstruk-

tion funktioniert. Wir erinnern uns nicht eins zu eins an Ereignisse, sondern setzen sie in unserem Gedächtnis wieder zusammen. Dabei können wichtige Teile des ursprünglichen Erlebnisses durch andere Informationen ersetzt werden: Es war nicht Georgina, die Sie an jenem Tag rein zufällig trafen, sondern Julia; es war nicht in Monte Carlo, sondern in Cannes…

Seit den Sechzigerjahren ist außerdem bekannt, dass der bloße Akt einer Gedächtnisreaktivierung eine Erinnerung kurzzeitig anfällig oder labil macht. In diesem labilen Zustand ist eine Erinnerung für Störungen anfällig und wird dann unter Umständen in veränderter Form erneut abgespeichert.

Vor kurzem wurde bewiesen, dass Erinnerungen nicht nur anfällig sind, wenn sie reaktiviert werden, sondern dass sie sich sogar gezielt verändern lassen. Mithilfe der verblüffenden neuen molekulargenetischen Techniken, die in den letzten dreißig Jahren entwickelt worden sind, können wir erkennen, welche neuronale Untergruppe an der Codierung eines Ereignisses beteiligt war. Als Nächstes können wir einige dieser Neuronen in Experimenten reaktivieren, damit das Versuchstier sich (nach unserer Ansicht) an das jeweilige Ereignis erinnert. Wissenschaftlern ist es gelungen, Erinnerungen während dieser Reaktivierung zu beeinflussen, so dass am Ende etwas anderes als die ursprüngliche Erinnerung herauskommt.

Bis anhin wurde nur auf emotionaler Ebene eine Beeinflussung vorgenommen – in diesem Fall wird beispielsweise eine zunächst neutrale Erinnerung an einen Ort zu einer positiven oder eine zunächst positive zu einer negativen Erinnerung umgedeutet, damit das Tier diesen Ort entweder gezielt aufsucht oder vermeidet. Wir sind jedoch nicht weit von dem Versuch entfernt, neue Erinnerungen ins Gedächtnis zu schreiben, was mit hoher Wahrscheinlichkeit möglich sein wird.«

Obwohl mich diese neuesten Erkenntnisse interessieren und beeindrucken, mache ich mir im Hinblick auf diese Versuche zur Manipulation des Gedächtnisses gewisse Sorgen. Für ein paar wenige Menschen könnte diese Neuentdeckung zwar von großer Bedeutung sein, wenn es zum Beispiel gilt, ein schwerwiegendes traumatisches Erlebnis zu löschen und durch ein positives zu ersetzen.

Da ich aber weiß, was für eine tiefe Bedeutung die Erinnerungen für die Seele und ihre Entwicklung haben, wäre es verheerend, wenn wir in der nahen Zukunft unsere negativen Erlebnisse und Ereignisse mit bestimmten Medikamenten durch positive ersetzen oder umschreiben lassen könnten. Für die Seele wäre es dann im Alter nicht mehr möglich, die tatsächlich durchlebten Ereignisse durch Erinnerungen noch einmal realitätsnah zu durchleben und zu einer Erfahrung werden zu lassen.

Dabei spielt es keine große Rolle, ob Sie Georgina mit Julia verwechseln oder einen bestimmten Ort nicht mehr ganz genau in Ihrem Gedächtnis haben. Es geht um das damalige Ereignis und was Sie dabei gefühlt haben. Dieses Fühlen beim Nachdenken über das vergangene Erlebnis ist das Entscheidende. Was Sie damals gefühlt haben oder heute noch dabei fühlen, wenn Sie sich das Szenario noch einmal bildlich vorstellen, bleibt Ihnen als Erinnerung und fließt in Ihre Seele ein.

Wird es möglich, neue Erinnerungen ins Gedächtnis zu schreiben, würde das bedeuten, dass wir unsere Seele bewusst manipulieren und sie wie eine Maschine umprogrammieren könnten. Der Seele würde das in ihrer Entwicklung großen Schaden zufügen.

Auch Kate Jeffery schreibt am Schluss ihres Artikels, dass das therapeutische Potenzial dieser Entwicklungen aufregend ist, solche Technologien jedoch mit größter Vorsicht eingesetzt werden sollten: »Greifen wir in das Gehirn eines Menschen ein und ändern seine Vergangenheit, kann das auch den Menschen selbst verändern.«

💧 Wenn du zuhörst, was ich aus meiner Vergangenheit erzähle, weißt du lediglich, wer ich war.

Wenn du genau hinhörst, *wie* ich es erzähle, weißt du, wer ich *bin*.

anonym

Das große Bedauern

»Im Laufe eines Erdenlebens wächst die Seele eher langsam und bei vielen Erdenmenschen manchmal sogar überhaupt nicht. Dein biologisches Alter ist etwas völlig anderes als dein inneres Alter, das Alter deiner Seele. Dieses Alter hängt vom Stand deines seelischen Wachstums und von deinem bisher erarbeiteten und durch deine Gedanken, Worte und Handlungen erschaffenen Entwicklungsniveau ab.

Viele von euch realisieren erst ganz am Ende ihres Lebens, dass sie gewisse Dinge immer wieder hinausgeschoben haben. Sehr gerne würden sie diese noch erledigen oder bestimmte Sachen noch genießen, aber sie haben einige unangenehme Dinge oder Träume einfach zu lange aufgespart.

Sehr viele Menschen führen nicht das Leben, das sie sich wünschen oder das sie sich in ihrem Lebensplan vorgenommen haben. Viele Dinge, die sie davon abhalten, haben sie sich selber zuzuschreiben. Hindernisse existieren oft nur aufgrund von Ängsten. Erlaube es nie deinen Ängsten und den Erwartungen anderer Menschen an dich, dir irgendwelche Grenzen in deinem Leben zu setzen.

Denke immer daran, dass du einen freien Willen hast. Wenn du deine tiefsitzenden Ängste überwinden kannst, hast du immer eine Möglichkeit, dein Leben zu leben. Möchtest du dich selbst verwirklichen, wird das Universum alles daransetzen, dir dabei zu helfen und dich in allem zu unterstützen. Führe nicht weiter das Leben, das von dir erwartet wird, sondern mache das, was du liebst. Beginne mit kleinen Schritten, bis du den Rhythmus deiner Seele wiedergefunden hast.

Du hast in diesem Leben einen bestimmten Auftrag zu erfüllen, und dir ist dein eigenes Schicksal vorherbestimmt. Somit bist du ein einzigartiges Wesen. Versuche nicht, eine Kopie von jemand anderem zu werden, bleibe dir treu und bleibe in allen Dingen du selbst. Wenn du ganz fest in dich hineinhorchst, wirst du irgendwann deine Wünsche und Träume wieder klar sehen und fühlen, die Wünsche, die du in unseren Dimensionen mit uns für dein jetziges Leben besprochen hast und die durch ein ständiges ängstliches Hinausschieben oder durch die Erwartungen deiner Mitmenschen vielleicht schon lange nicht mehr existieren.

Christa de Carouge

Ryan Ellis: Im Januar dieses Jahres ist Christa de Carouge 81-jährig überraschend gestorben. Sie war eine der bekanntesten Kleiderdesignerinnen der Schweiz und sorgte mit ihrer Mode immer wieder für Aufsehen. Ihre Modelle waren alle sehr schlicht und vor allem schwarz.

Zwei Monate vor ihrem Tod fand die Eröffnung der großen Ausstellung ihres Lebenswerkes im Kunsthaus Zug statt, bei der sie mit voller Energie anwesend war. Nur einige Zeit später erhielt sie völlig unerwartet die Diagnose einer unheilbaren Krebserkrankung.

Christa de Carouge hat immer mit großer Leidenschaft und Perfektion gearbeitet. Sie hatte, gemäß ihrer eigenen Aussagen, nie Angst vor dem Tod und wollte im Alter möglichst niemandem zur Last fallen.

In einem TV-Interview sagte sie, dass sie sich mit neunzig Jahren mit einem großen Fest verabschieden möchte und ein glückliches und erfülltes Leben gehabt habe.

»La dame en noir«, wie sie in der Presse oft genannt wurde, trug über dreißig Jahre auch privat nur schwarz. Sie war ein fröhlicher Mensch und wollte diese Fröhlichkeit und ihre Leidenschaft mit ihren Kreationen, die sie auch »Wohnräume« nannte, ihren Kunden weiterschenken.

Auf die Frage, ob sie etwas in ihrem Leben bereuen würde, gab sie zur Antwort:
»Nein. Je ne regrette rien! Überhaupt nichts! Ich bin dankbar, dass ich so leben konnte, wie ich es wollte. Ich bin ein »Stürmi« (eine Draufgängerin), ich habe mir oft den Kopf angeschlagen, aber es musste so sein.«

Obwohl Christa de Carouge glaubte, dass nach dem Tod nichts mehr existieren würde, hat sie in ihrem Leben eigentlich alles richtig gemacht. Sie empfand kein Bedauern wegen irgendwelcher Sachen, die sie noch hätte erledigen sollen, und dachte im Alter nicht mehr über unerfüllte Träume und Wünsche nach. Sie hat in ihrem Leben auch nie das gemacht, was andere von ihr erwartet haben. Sie wusste stets ganz genau, was sie wollte und was nicht, und die Meinung der Allgemeinheit war ihr dabei egal.

Ob sie wohl darüber erstaunt gewesen sein mag, als sie nach ihrem Tod feststellte, dass sie doch nicht vom NICHTS erwartet wurde?

Eines der schlimmsten Dinge,
die du in deinem Leben
machen kannst,
ist, dein Leben nicht zu leben.

 ryan ellis

Die Abenddämmerung

Ryan Ellis: Die Abenddämmerung ist für mich immer der schönste Teil eines Tages. Das Licht der untergehenden Sonne hat beinahe etwas Magisches, und man kann plötzlich Dinge und Farben sehen, die während der letzten Stunden im gleißenden Sonnenlicht keine Chance hatten, bewusst wahrgenommen zu werden.

Mit der Abenddämmerung verabschiedet sich der Tag auf eine wunderbare Art und Weise und mit einer gewissen Schlichtheit. Kurz bevor die Dunkelheit hereinbricht und die Nacht beginnt, kann ich die Schönheit eines Tages durch die nun nach viel Hektik und Lärm eintretende Stille noch einmal in aller Tiefe an mir vorbeiziehen lassen.

Oft erlaubt diese Abenddämmerung an bestimmten Tagen einen Einblick in die Geheimnisse der Seele. Die tief in der Seele liegenden verborgenen Schätze werden für kurze Zeit sichtbar.

Die Abenddämmerung verhält sich ähnlich wie das Alter eines Menschen.

Meist werden erst im Alter viele Dinge bewusst oder zumindest bewusster wahrgenommen und verschiedene Talente und Fähigkeiten erst richtig erkannt. Durch das Bewusstwerden der eigenen Vergänglichkeit entsteht oft auch der große Wunsch, sich durch diverse Beschäftigungen noch zu verwirklichen.

In der Abenddämmerung Ihres Lebens werden Sie auch bestimmte Dinge und Mitmenschen plötzlich in einem völlig anderen Licht sehen. Das kann oft sehr überraschende Veränderungen Ihrer eigenen, bis jetzt gelebten Sichtweise auslösen und Sie auch traurig machen. Viele Ihrer Freunde und Bekannten konnten sich im Tageslicht immer hinter der gleißenden Sonne verstecken. Beim Eintauchen in die Farben der Abenddämmerung können Sie nun ihr wahres Gesicht entdecken.

Sie erkennen in der Abenddämmerung unseres Lebens auch klar die Menschen, die Ihnen wirklich nahestehen, sich für Sie und Ihre Bedürfnisse einsetzen und an Ihrem Leben Anteil nehmen. Sie lernen manchmal erst jetzt, diese Menschen auch wirklich zu schätzen. Dies war Ihnen in der Hektik Ihres Alltags nicht immer möglich, und Sie haben oft die falschen Menschen für die guten und warmherzigen gehalten.

Das Alter bedeutet das langsame Eintauchen in eine Welt, in der bestimmte Lasten nicht mehr mitgenommen werden müssen, weil sie in Ihrem Leben plötzlich einfach keinen Platz mehr haben. Sie sind unwichtig geworden, und Sie können sich problemlos und mit großer Erleichterung von ihnen befreien.

So gesehen ist die Abenddämmerung, das Alter Ihres Lebens, eine wunderbare Zeit, vielleicht die kostbarste Ihres Lebens. Sie können mit einer gewissen Unbeschwertheit und Gelassenheit eine Freiheit ohne aufgebürdeten Druck von außen genießen. Eine Freiheit, die zuvor nie möglich gewesen wäre.

🜘 Die vielen **Gedanken** einer **alt gewordenen Seele**

»In einem gewissen Alter steht dir plötzlich jede Menge Zeit zur Verfügung, Zeit, die dir während deines bisherigen Lebens meist gefehlt hat. Auf eine bestimmte Art und Weise wird jetzt alles verlangsamt, und deine Tagesabläufe funktionieren im Vergleich zu deiner Vergangenheit im Zeitlupentempo.

Diese Anpassung an dein Leben birgt auf der einen Seite gewisse Vorteile, aber schlecht genutzt auch wesentliche Nachteile. Die Vorteile liegen darin, dass dir mit zunehmendem Alter für bestimmte Dinge mehr Zeit zur Verfügung steht, die du gut gebrauchen kannst, weil du in deinen Handlungen und Reaktionen langsamer wirst und für alles ein wenig länger brauchst als im Zenit deines Lebens.

Oft aber scheint die Zeit fast stillzustehen, und sie wird zu einem Nachteilsfaktor für dich. Ältere Menschen sind oft stunden- oder sogar tagelang allein und fühlen sich dabei sehr einsam.

Dein Alter ist in erster Linie ein biologisches Phänomen. Dein Organismus weist in einem bestimmten Alter gewisse Besonderheiten auf, was auch psychologische Konsequenzen nach sich zieht. Das Altern ist ein Prozess, der bei jedem Erdenmenschen anders abläuft und sehr stark mit deinen Überzeugungen und Lebensphilosophien in Verbindung steht.

Es ist für dich und die Entwicklung deiner Seele von großer Bedeutung, dass du dein Alter als neuen Wachstumsprozess anerkennst und nicht als völlige Resignation des Lebens erlebst. Viele ältere Menschen werden von ihrer Umwelt nicht mehr richtig wahrgenommen, und es ist erschreckend, wie respekt- und würdelos die eigene Familie oft mit dem Altwerden ihrer Eltern umgeht.

In der Zeit, in der du jetzt lebst, wird der Druck der Auseinandersetzung mit dem Alter für alle Wesen immer stärker, weil die Menschen durch die neuesten technischen und medizinischen Errungenschaften heute älter werden. Diese Überalterung nimmt in der Zukunft der Menschheit einen bedeutenden Platz ein und wird zu einer der größten Herausforderungen werden. Eine Gesellschaft, in der die Menschen ein hohes Alter erreichen, benötigt neue Strukturen und neue Formen des Zusammenlebens. Ein weiteres wichtiges Feld, dem Beachtung zu schenken ist, ist die Versorgung von pflegebedürftigen alten Menschen.

Das hohe Alter hat sich in eurer Gesellschaft zu einem positiv besetzten Lebensabschnitt verändert. Das Alter hat wieder mehr an »Normalität« gewonnen, auch oder gerade bei den jüngeren Generationen. Die dazugewonnenen Lebensjahre werden von vielen älteren Menschen aktiv erlebt. Somit wird das Alter nicht mehr assoziiert mit Krankheit, Problemen, Isolation und Einsamkeit, sondern gleichgesetzt mit Mobilität, Lern- und Wissbegierigkeit.

Viele ältere Menschen werden heute auch wieder vermehrt als Hilfe eingesetzt und sind als Ratgeber und als Babysitter kaum mehr wegzudenken.

Das Alter wird von euch als eine Lebensphase erkannt und anerkannt, aus der ihr durch die erworbene Urteilsfähigkeit und die Gelassenheit der älteren Menschen sehr viel lernen könnt.

Wie sieht es aber in den älteren Menschen aus? Welche Gedanken beschäftigen sie in den vielen Stunden des Alleinseins?

Zu Beginn des Alterns machen sich die meisten Sorgen um äußerliche, körperlich sichtbare Anzeichen von Veränderungen. Ihr lebt in einer Zeit, in der das Äußerliche, die Fassade, enorm wichtig ist und ihr in den meisten Fällen nur aufgrund des Äußeren beurteilt, anerkannt und geliebt werdet.

Zunehmend machen sich auch immer mehr ältere Menschen Sorgen um ihre Finanzen. Es wird schwierig, im Alter mit weniger Geld auszukommen, nachdem man sich jahrzehntelang einen einigermaßen sorgenfreien Lebensstil leisten konnte. Gerade im Alter hätte man nun Zeit für Ferien und Reisen, für die aber oft die finanziellen Mittel fehlen.

Die größten Sorgen im Alter aber drehen sich um die Erhaltung der Gesundheit. Niemand von euch möchte sein Alter gerne krank verbringen. Aber da es eine Tatsache ist, dass euer Körper biologisch altert, werdet ihr alle diesem Phänomen immer ausgesetzt sein. Die Veränderung eures Körpers und dessen langsamer Zerfall ist ein Aspekt des menschlichen Kommens und Gehens. Versucht, dies in eure Lebensphilosophie so gut wie möglich miteinzubeziehen. Die Phase des Alterns hat einen enorm wichtigen Anteil an der Entwicklung der Seele – und sie kann für euch sehr gewinnbringend sein.

Mit zunehmendem Alter machen sich viele auch immer öfter Gedanken über den Tod. Diejenigen, die wissen, dass es ein Weiterleben gibt, und daran glauben, werden beruhigter sein als diejenigen, die sich während ihrer Inkarnationszeit nie mit dieser Frage auseinandergesetzt haben. Trotzdem taucht in euren Gedanken immer wieder die Frage auf, wie, wo oder woran ihr einmal sterben werdet. Die Gedanken rund um den Sterbezeitpunkt sind oft viel beängstigender als die Gedanken an den Tod. Aber seid euch immer bewusst, dass ihr am Ende eures Daseins nie alleine gelassen werdet. Wir werden immer bei euch sein und euch beim Zurückkehren nach Hause behilflich sein.«

Ryan Ellis: Das Alter stellt sich in verschiedenen Kulturen anders dar. Es ist also auch ein kulturelles Phänomen. In dem Beitrag »*Altern und Sterben am Beispiel der Guarani-Indianer Südamerikas*« geben Friedl und Georg Grünberg einen Einblick in die Lebensformen der Guarani, deren Weltbild wesentlich durch das spirituelle Konzept von *Geistseele* und *Körperseele* geprägt ist:

»Die wichtigste soziale Einheit der Guarani-Indianer Südamerikas ist die Großfamilie. Bei generell hohem Respekt zwischen den Generationen wird die höchste Achtung den Großeltern entgegengebracht. Sie haben das größte Wissen und die umfangreichste Lebenserfahrung, die ausschließlich durch Praxis überliefert wird. Sie haben sich den Lebenszielen *py'a guapy* (Gelassenheit) und *py'a guasu* (Großzügigkeit und Mut) genähert und wirken vor allem durch ihre Präsenz.

Mit dem Aspekt des Älterwerdens gehen die Guarani – wie mit Krankheit auch – sehr dezent um. Der Tod ist für sie der Beginn des Weges zurück in jene Welt, aus der sie ursprünglich gekommen sind und die als »realistisches Paradies« vorgestellt wird. Das Sterben ist ein undramatischer, »stiller« und sehr bewusster Prozess, in dem die Übergänge zwischen dieser Welt und »der anderen« fließend gedacht werden.

Das Wissen der alten Menschen um positive und negative gesellschaftliche Entwicklungen könnte für das Europa des 21. Jahrhunderts von größtem Wert sein.

Niederkorn, Scheutz, Klingenböck

Du kannst **die Zukunft** deiner Seele **durch deine Gedanken** steuern

»In jeder Sekunde deines Lebens triffst du Entscheidungen. Für deine Entscheidungen wurde dir für diese Inkarnation ein freier Wille zur Verfügung gestellt.

Indem du deinen freien Willen benutzen kannst, trägst du aber auch eine immens große Verantwortung für alle deine persönlichen Entscheidungen. Jedes Mal, wenn du eine Wahl getroffen hast, wirkt sich das nicht nur auf deine eigene Seele, sondern auch auf die Seelen aller anderen Beteiligten aus.

Du wirst irgendwann selber feststellen, dass deine frei gewählten Entscheidungen zwar auch mit den Entscheidungen anderer Menschen zusammenhängen, dass du aber aufgrund deiner persönlichen Entscheidungen genau da stehst, wo du dich aktuell befindest.

Dein Leben ist eine Abfolge von Gedanken und den daraus resultierenden Entscheidungen. Du kannst deine getroffenen Entscheidungen der letzten Stunden oder Tage noch einmal an dir vorbeiziehen lassen und dabei überprüfen, weshalb du so und nicht anders entschieden hast. Wolltest du mit deiner Entscheidung bei jemandem etwas ganz Bestimmtes erreichen oder durchsetzen? War sie unbeabsichtigt, spontan oder rein gefühlsmäßig?

==Es wäre für dich von großem Vorteil, wenn deine Entscheidungen immer aus deinem Herzen kommen würden==. Wenn deine Entscheidungen mit Liebe vollzogen werden, dann musst du nie Angst davor haben, dich und andere damit zu verletzen.

Höre bei deinen Entscheidungen immer auf die Stimme deiner Seele. Sie weiß alles. Alles, was du je wissen musst, liegt in ihr verborgen.

Jede Entscheidung erzeugt bestimmte Reaktionen, die für dich und die daran Beteiligten auch unangenehm und beschwerlich werden können. Oft wirken sich falsche Entscheidungen auch unmittelbar auf deinen Körper aus. Wenn du also gegenüber deinem Körper achtsam bleibst und seine Symptome beobachtest, wirst du immer wissen, ob du auf dem richtigen Weg bist oder ob deine zuletzt getroffenen Entscheidungen falsch waren. Damit möchte ich dir sagen, dass Körper und Seele in ihrer Entwicklung zueinander in Bezug stehen. Wenn du dich seelisch verletzt oder unausgeglichen fühlst, werden sich auch an deinem Körper bestimmte Auswirkungen zeigen. Andererseits kannst du aufgrund von körperlichen Symptomen Rückschlüsse auf falsche Entscheidungen in deiner Vergangenheit ziehen, die nicht ideal für deine Seele waren.

Deine eigenen Entscheidungen liegen bei dir, aber das Verhalten der anderen kannst du nicht steuern. Trotzdem bist du der Negativität der Entscheidungen aus deinem persönlichen Umfeld aber nicht machtlos ausgeliefert. Versuchst du, gar nicht erst auf negative Bemerkungen, Stimmungen oder Handlungen anderer einzugehen, wirst du dich nicht mit ihrer aktuellen negativen Entscheidung verbinden. Indem du positiv oder gar nicht auf negative Entscheidungen von anderen reagierst, bist du auch nicht für die Folgen deiner unmittelbaren Reaktion verantwortlich.

Versuche während eines Erdentages, immer wieder bewusst zu denken. Es wird dir nicht möglich sein, alle deine Gedanken zu kontrollieren. Nimm dir aber Zeit, um auf deine Seele zu hören, vor allem wenn es um wichtige Entscheidungen geht, von denen nicht nur du, sondern auch viele andere betroffen sind. So wird deine Seele immer stärker und lichterfüllter, und du wirst zu dem Menschen, der auf sich selber stolz sein kann.

Ohne dass du es bewusst wahrnimmst, wirken sich deine Gedanken, Worte und Handlungen mit jeder deiner Entscheidungen auch schon unmittelbar auf deine nächste Inkarnation aus. Fasche Entscheidungen musst du so lange wiederholen, bis du etwas Bestimmtes gelernt hast. Wenn du gewisse Sachen in diesem Leben nicht lernst, wirst du in einem deiner nächsten Leben wieder damit konfrontiert werden.

Versprich mir, immer auf die Stimme deiner Seele zu hören und deine Entscheidungen mit Liebe umzusetzen.

Was für Entscheidungen du auch triffst oder in deiner Zukunft noch treffen wirst, du allein bist für sie verantwortlich, und ihre Auswirkungen bestimmen die Zukunft deiner Seele.«

Lege dein Ohr
an deine Seele
und höre gut hin.

Anne Sexton

Kapitel 8

Der Tod und das Weiterleben deiner Seele

Der Abschied deiner Seele
von deinem Körper

»Die Erdenmenschen glauben, der Tod käme erst am Ende des Lebens. Das ist ein großer Irrtum. Der Tod ist ab dem Moment, in dem sich deine Seele und dein Körper miteinander verbinden, ein fester Bestandteil deines Daseins.

Der Tod begegnet dir in deinem Leben vor allem in der Negativität und in der Angst, also in allen Lebensbereichen, in denen du verwundbar oder negativ eingestellt bist. Die Angst vor vielen Dingen in deinem Leben nimmt dir oft die klare Sicht auf das Wesentliche, und du siehst viele Lebensaspekte verschwommen oder verfälscht.

Sobald du erkennst, wovor du wirklich Angst hast, musst du versuchen, die Angst aufzulösen und dich von dieser Empfindung zu trennen. Stellst du dich deinen Ängsten, erreichen sie sehr schnell erträgliche Dimensionen.

Jede Angst in deinem Leben hat ihren Ursprung in der Angst vor dem Tod. Es gibt während deiner Inkarnation immer wieder Zeiten, in denen dir schmerzhaft bewusst wird, dass du einmal sterben wirst. Du lebst in einem Zeitsystem, und die Zeit arbeitet mit den zwei Komponenten Ungewissheit und Veränderlichkeit. Kein Mensch kann mit absoluter Sicherheit sagen, was ihm im Laufe eines Erdentages alles widerfahren wird. Ein angsteinflößender Aspekt in deinem Leben ist somit die ==Unvorhersehbarkeit. Es kann dir zu jedem Zeitpunkt etwas passieren, das dein ganzes Leben völlig verändern und alles, was du bis jetzt als Sicherheit und Geborgenheit empfunden hast, von einer Sekunde zur anderen infrage stellen kann.==

In deiner Inkarnation ist es ganz wichtig, du selbst zu sein. In der aktuellen Zeit, in der du dich für eine Inkarnation entschieden hast, spielen fast alle Menschen einander und im Grunde genommen auch sich selbst etwas vor. Mit dieser bewusst falschen Selbstdarstellung leugnet ihr eure Seelen, und ihr verliert dadurch immer mehr den Zugang zu eurem Lebensrhythmus.

Um dir nicht unnötig Angst zu machen, haben wir dir keine Informationen über deine Todesstunde mit in dieses Leben gegeben. Du weißt also nicht, unter welchen Umständen und an welchem Ort du dich wieder verabschieden musst, wer dann gerade bei dir sein wird und wie du dich dann fühlen wirst. Alle diese Aspekte bleiben undurchschaubar und für dich verborgen.

Obwohl dein Tod die wichtigste Erfahrung in deinem Leben sein wird, unternimmt die Menschheit große Anstrengungen, ihn zu verdrängen. Der Tod wird aus dem Leben ausgegrenzt, indem man nicht über ihn spricht.

In deinem Lebensplan ist dein Tod auf die Minute genau festgelegt und von den Lichtwesen mit dir abgesprochen worden. Wenn dein letzter Tag, die letzte Stunde in deiner jetzigen Inkarnation gekommen ist, wird es Zeit für dich, nach Hause zurückzukehren. Deine Erdenzeit ist beschränkt – und das hast du gewusst. Jetzt ist der Zeitpunkt der Seelenernte gekommen. Ist deine irdische Verkörperung beendet, wird die Silberschnur, die dich während deines ganzen Lebens mit unseren Dimensionen verbunden hat, durchtrennt. Dann gibt es kein Zurück mehr. Dein Leben in deinem jetzigen Körper ist abgeschlossen, und es wird nie wieder einen identischen Menschen geben, wie du es in dieser Inkarnation gewesen bist.

Ein Körper weist auch nach seinem Tod noch eine Weile ein Energiefeld auf.

Du bleibst in den ersten drei Tagen in unseren Dimensionen auch noch stark mit deinem Körperbewusstsein verbunden. Dir stand dein Körper über so viele Erdenjahre als Zuhause für deinen Geist und deine Seele zur Verfügung, dass du dich in der ersten Zeit nach deinem Tod erst langsam daran gewöhnen musst, ihn jetzt nicht mehr zu benötigen.

Ihr könnt den Tod nie wirklich begreifen oder nachvollziehen. Für die auf der Erde zurückbleibenden Angehörigen und Freunde bedeutet er einen schmerzlichen Verlust. Jemanden, den du immer um dich hattest, mit dem du dich stark verbunden gefühlt und den du gern gehabt hast, ist plötzlich nicht mehr da. Es wird dir etwas weggenommen, über das du während deiner noch verbleibenden Lebenszeit nie ganz hinwegkommen wirst.

Im Tod erkennst du als Mensch die klare Grenze zwischen dem Diesseits und dem Jenseits. Du bist aus unseren Dimensionen gekommen und kehrst nach deinem Tod wieder zu deiner Seelenfamilie nach Hause zurück. Das vielleicht absolut Schlimmste am Tod ist für dich als Mensch die Tatsache, dass du das verstorbene Wesen mit seiner ganzen Persönlichkeit für den Rest deiner noch verbleibenden Lebenszeit nie mehr wiedersehen wirst und nie mehr mit ihm sprechen kannst. Du spürst schmerzlich das Fehlen seiner Gegenwart.«

Das Wunder des Sterbens

»Grundsätzlich können sterbende Menschen in drei Gruppen eingeteilt werden. Die erste Gruppe sind Wesen, die durch einen friedlichen, natürlichen Tod zu uns zurück gelangen, gefolgt von Wesen, die plötzlich und unerwartet gestorben sind oder Opfer eines gewaltsamen Todes wurden. Die dritte Gruppe sind Menschen, die den Tod durch Suizid gewählt haben.

Nach eurer Zeitrechnung benötigt die erste Gruppe etwa sechsunddreißig Stunden, bis sich die Seele auch energiemäßig vom Körper abgenabelt hat. Bei der zweiten Gruppe verdoppelt sich die Zeit auf fast zweiundsiebzig Stunden, und bei der Suizid-Gruppe kann es sogar eine ganze Woche eurer Zeitrechnung dauern, bis die Trennung von Seele (Geist) und Körper abgeschlossen ist.

Du bist nicht dein Körper. Diese bedeutsame Erkenntnis sollte dir helfen, die Angst vor dem Sterben und dem Tod abzulegen.

Je näher das menschliche Wesen dem Sterben kommt, desto empfindlicher und feinfühliger wird es. Es ist deshalb von großer Wichtigkeit, dass vor allem ältere oder schwerkranke Menschen über den Sterbevorgang informiert werden und sich damit auseinandersetzen können. Dies kann ihnen die Angst vor dem Tod nehmen und ein umfassenderes Bewusstsein für die Zusammenhänge zwischen dem Diesseits und dem Jenseits vermitteln.

Ist der Zeitpunkt deines Todes gekommen, wird deine Körperstrahlung zunehmend schwächer, und dadurch nimmt die Verbindung deines Körpers zu deiner Seele immer mehr ab. Dieser Prozess der Ablösung der Seele vollzieht sich nicht bei allen Menschen gleich schnell und ist auch nicht für alle einfach. Wenn du im Sterben immer noch stark an die Materie gebunden bist, ist die Verbindung zwischen Körper und Seele noch sehr intensiv, was dein Sterben erschweren kann.

Beim Sterbeprozess wird die körperliche Energie ständig verlangsamt. In deiner Sterbephase hast du meist ein großes Schlafbedürfnis, und die geballte Kraft deiner Seele sammelt sich in einem erhöhten Bewusstsein in deinem Kopf an. Solange dein konzentriertes Bewusstsein noch in deinem Körper bleibt, wirst du dich unsicher und verängstigt fühlen, weil du wahrnehmen kannst, dass dein Körper sich immer mehr verlangsamt und dir zunehmend entgleitet. Je besser sich ein sterbendes Wesen vom Körperbewusstsein lösen kann, desto leichter und sanfter ist der Übergang.

Die sogenannte Silberschnur verbindet während des ganzen irdischen Lebens den Astralleib mir dem physischen Leib des Menschen.

Solange Seele und Körper noch mit der Silberschnur verbunden sind, ist der Tod noch nicht eingetreten. Sobald aber die Silberschnur zerreißt, erfolgt die nicht mehr rückgängig zu machende Trennung von Körper und Seele.

Jedes Sterben kann sich individuell gestalten, je nachdem woran du in diesem Zusammenhang glaubst und was du für dich als richtig empfindest.

Menschen, die aufgrund einer starken Betäubung beim Sterben den Übergang nicht bewusst erlebt haben, wachen erst in unseren Dimensionen wieder auf. Sie bedürfen dann dringend der Unterstützung der Lichtwesen, weil sie in einer völlig fremden Welt wieder zu sich kommen, was bei den meisten von ihnen Angst auslöst.

Die Seele überlebt den Tod und existiert weiter. Was deine Seele zuerst in unseren Dimensionen wahrnimmt, hängt stark mit deiner persönlichen Einstellung zusammen und mit dem, woran du glaubst. Sei dir vollkommen bewusst, dass sich hier in unseren Dimensionen alles in Sekundenschnelle verwirklicht, was du dir vorstellst und denkst. Kontrolliere also deine Gedanken und deine Wünsche, und lasse alle deine Ängste los.

Sobald du deine Ängste losgelassen hast, wirst du deine eigene, persönliche Lichterfahrung machen.«

Ryan Ellis: Seit dem 10. April 2001 dürfen Ärzte in den Niederlanden straffrei Todkranke mit einer Spritze von ihren Schmerzen und Leiden erlösen. Dies war weltweit das erste Gesetz, wonach aktive Sterbehilfe für Menschen unter bestimmten Umständen erlaubt wurde.

In den letzten Jahren ist die Legalisierung der Sterbehilfe auch in anderen Ländern fortgeschritten und gibt immer wieder Anlass zu Diskussionen.

Zusammenfassender Artikel der NZZ (Neue Zürcher Zeitung) vom 17.06.2017:

Die Schweiz ist mittlerweile zu einer Hochburg der Sterbehilfe geworden, obwohl diese genau genommen gesetzlich noch gar nicht geregelt ist. Erlaubt ist der assistierte Freitod. Suizidwillige Menschen erhalten von einem Arzt eine tödliche Dosis eines Medikaments, müssen aber das Mittel selber einnehmen. Der Sterbewunsch muss von einer urteils-

fähigen und ausreichend informierten Person stammen und dauerhaft sein.

Die Zahl der begleiteten Freitode nähert sich immer mehr jener der übrigen Suizide an. Rund die Hälfte der Patienten, die freiwillig sterben wollten, litt gemäß einer Statistik an Krebs. In Zukunft soll es sogar vermehrt ermöglicht werden, dass auch gesunde, aber lebensmüde ältere Menschen den Freitod wählen dürfen.

Zu Beginn schien es bei der Sterbehilfe darum zu gehen, unerträgliches Leiden zu verkürzen. Diese Idee scheint aber immer mehr durch die vom Ego ausgehende Idee des selbst inszenierten Sterbens verdrängt zu werden. Viele Patienten äußern auch den Wunsch, ihrem Leben ein Ende zu setzen, weil sie der Gesellschaft nicht zur Last fallen möchten.

Für Menschen, die Angst haben vor unerträglichen Schmerzen, müsste demzufolge vermehrt eine umfassende medizinische, pflegerische und psychologische Betreuung in Hospizen angeboten werden, um die Lebensqualität durch ständige Beobachtung und Versorgung der Patienten zu erhöhen und bei Bedarf auch stark schmerzstillende Medikamente verabreichen zu können.

In »sternenflüstern« habe ich ausführlicher darüber geschrieben, welche Auswirkungen ein Suizid auf das ganze Beziehungsnetz der Suizidenten ausübt und was diese Menschen beim Übergang in die nächste Dimension erwartet.

Es ist dein Weg.

Manche können ihn mit dir gehen, aber keiner kann ihn für dich gehen.

Rumi

◗ **Das** Zurückkehren **deiner Seele** nach Hause

Ryan Ellis: Im Film »Victoria und Abdul, die außergewöhnliche, wahre Geschichte einer Königin und ihres neuen besten Freundes« gibt es eine sehr berührende Szene, in der die Königin, brillant gespielt von Judi Dench, stirbt.

Erst am Ende ihres größtenteils langweiligen Lebens entdeckt die Königin, damals Herrscherin über ein Fünftel der Erde, durch einen indischen Bediensteten ganz neue menschliche Seiten an sich. Mit Abdul beginnt sie eine sich wandelnde Welt mit anderen Augen zu sehen und freut sich darüber, dass sie zunehmend ihre Menschlichkeit zurückgewinnt.

Als sie auf dem Sterbebett liegt, versammeln sich ihre Familie und ihr ganzes Gefolge in ihrem Schlafzimmer. Es wird Abdul erlaubt, in ihren letzten Minuten bei ihr zu bleiben. Die Königin schickt alle anderen hinaus und gesteht ihm, dass sie große Angst habe zu sterben.

Abdul nimmt ihre Hand in seine Hände, lächelt und zitiert Rumi: »Hab keine Angst, kleiner Regentropfen, denn, vom Strom mitgerissen, wird der Tropfen Teil des großen Ozeans.«

Nach dieser letzten Begegnung konnte die Königin in Frieden einschlafen, im Wissen, dass sie alles richtig gemacht hatte und jemand, der sie liebte, sie in Gedanken auf ihrer letzten Reise begleiten und nie vergessen würde.

»Eine der schwierigsten Aufgaben deines Lebens besteht darin, Abschied von den Menschen zu nehmen, die du in diesem Leben geliebt hast und die dir sehr nahe standen. Das macht dir unbewusst große Angst. Wir wissen, dass sich die meisten Menschen vor dem Sterben fürchten. Aber es besteht kein Grund zur Sorge. Ist der Zeitpunkt gekommen, wirst du alles erhalten, was du benötigst, um deine Reise gelassen und voller Zuversicht anzutreten. Niemand von euch stirbt alleine. Das ist ein universelles Gesetz.

Es ist ein großes Privileg, beim Sterben eines geliebten Menschen mit dabei sein zu können. Dabei ist es wichtig, sich nicht nur dem eigenen Schmerz hinzugeben, sondern vollkommen bei dem Menschen zu sein, der dich verlassen wird. Du solltest alles tun, um der sterbenden Person den Übergang in die nächste Dimension so angenehm wie möglich zu machen.

In früheren Zeiten gab es auf dem Erdenplaneten in vielen Kulturen die Totenwache. Dieses Ritual, bei dem für eine gewisse Zeit immer jemand bei dem Verstorbenen bleibt, lässt der Seele genügend Zeit, sich von dieser Welt und den geliebten Menschen zu verabschieden.

Die Seele verlässt den Körper nicht abrupt. Sie trennt sich langsam von ihm, weil sie sich über viele Jahre hinweg an ihn gewöhnt hat und der Körper für diese Inkarnation für sie wichtig gewesen ist.

Das Leben wirkt in deinem Körper noch eine gewisse Zeit nach. Für deine Seele wäre es das Ideal, wenn dein Körper nach deinem Tod noch eine gewisse Zeit in der vertrauten Umgebung bleiben könnte und nicht alleine gelassen würde. Eure riesigen kalten Leichenhallen sind unpersönliche und sterile Orte, an denen sich Körper und Seele schwertun, sich voneinander zu verabschieden.

Auch wenn ein Körper bereits beerdigt oder verbrannt wurde, sollten die Erinnerungen an die verstorbene Seele zumindest noch für ein paar Wochen oder Monate aufrechterhalten werden. Es ist sehr wichtig, dass ihr für das verstorbene Wesen Gebete sprecht und mit ihr Gespräche führt. So wird sich die Seele auf ihrer Reise ins Unbekannte nie alleine fühlen, und eure echte Anteilnahme wird ihre Weiterentwicklung unterstützen und beschleunigen. Das

Leben eines Menschen ist mit seiner Beerdigung nicht einfach abgeschlossen. Wer sich auf seiner Reise ins Jenseits befindet, braucht achtsame Unterstützung und Begleitung.

Die Toten sind immer ganz nahe bei uns. Sie umgeben uns wie die Luft, die wir atmen. Du kannst dir das so vorstellen, als ob sie mit dir zusammen wären, aber du sie einfach nicht sehen kannst, weil sie sich hinter einer Art Schleier befinden. Du wirst nie jemanden, den du über alles geliebt hast, für immer verlieren. Auch nach dem Tod sind die Verstorbenen tief mit euch verbunden, und sobald sie sich in unseren Dimensionen wieder angepasst und weiterentwickelt haben, dürfen sie sich auch um die Zurückgelassenen kümmern.

Die Seele wird nach dem Sterben wie magnetisch von der Quelle, ihrem göttlichen Ursprung, angezogen und somit zu ihr zurückgetrieben. Diese Rückkehr geschieht jedoch nicht zufällig, sondern basiert auf der ständigen Entwicklung deiner Seele. Die Seele ist also am Anfang ihrer Reise nicht dieselbe wie zu dem Zeitpunkt, an dem sie wieder zur Quelle zurückkehrt. Diese endgültige Rückkehr vollzieht sich aber erst nach sehr vielen Inkarnationen, in denen deine Seele immer wieder neue Reifeprozesse durchlaufen und dabei ganz bestimmte Erfahrungen für ihre Weiterentwicklung machen muss.

Viele Seelen, die nach dem Tod noch mit dem jetzigen Leben verbunden bleiben möchten und glauben, bei euch noch eine Aufgabe erfüllen zu müssen, werden das Licht kaum wahrnehmen oder gar nicht sehen können. Dasselbe geschieht mit den Seelen, die an nichts glauben und denken, dass nach dem Tod alles vorbei sein wird. Bis sich diese Seelen dazu entscheiden, sich auf den Weg ins Licht zu begeben, sind sie in einer Art Zwischenwelt gefangen. Wir nennen das auch die graue Zone, ein Aufenthaltsort, in den kaum Licht eindringen kann und in dem die verstorbene Seele sich meist sehr einsam, orientierungslos und verlassen fühlt. Die Entscheidung liegt bei der Seele, ob sie sich dem Licht nähern möchte oder weiter in der Dunkelheit und Kälte verharren will.«

Unbeschreibliches **Glücksgefühl und Verständnis für alle** Zusammenhänge

»Wenn deine Seele aus dem Körper ausgetreten ist und die Silberschnur dabei durchtrennt wurde, ist sie reine Energie. Deine Seele wird in unseren Dimensionen liebevoll willkommen geheißen. Um dir die Angst zu nehmen, werden dich Verstorbene, Verwandte und Freunde begrüßen. Damit du diese Seelen wiedererkennst, werden sie die Gestalt und Form annehmen, die sie in der Inkarnation mit dir zusammen gehabt haben.

Es stehen für dich weitere Lichtwesen zur Verfügung, die dich dann zu deiner Seelenfamilie begleiten, zu deinem Zuhause. Dort wird dir die Möglichkeit geboten, dich zuerst einmal von den Strapazen einer schweren Krankheit oder eines traumatischen Erlebnisses am Ende deines Erdenlebens zu erholen. Wir nennen das den Anpassungsschlaf. Anschließend werden mit dir sämtliche Dinge aus deiner letzten Inkarnation besprochen. Du wirst jede Station deines Lebens noch einmal durchgehen und wirst sofort wissen, was du richtig und was du falsch gemacht hast. Je nachdem, wie du gelebt hast, können die gezeigten Bildsequenzen sehr unangenehm für dich sein. Du siehst, wie du gedacht und gehandelt hast. Du empfindest dabei denselben Schmerz, den du anderen zugefügt hast, indem du sie gekränkt, missachtet und vorschnell verurteilt hast. Du erlebst aber auch noch einmal alle Liebesdienste, die du anderen Menschen erwiesen hast, und du kannst auch voller Stolz auf all die Dinge zurückblicken, die du gut gemacht hast. ==Bei dieser Lebensrückschau erkennt deine Seele die Auswirkungen deiner Gedanken, Worte und Handlungen und dass nur eine Sache in deinem Erdenleben wirklich wichtig gewesen ist, die LIEBE.==

Das absolut Schönste bei der Rückkehr deiner Seele wird das unglaubliche Glücksgefühl und Verständnis für alle Zusammenhänge im Universum sein. Du wirst im Gegensatz zu deinem jetzigen Leben alles verstehen und die Existenz deiner Seele in einem umfassenden Kontext sehen. Du wirst alle deine vergangenen und alle deine zukünftigen Leben betrachten können und plötzlich alle Zusammenhänge verstehen. Vergangenheit, Gegenwart und Zukunft sind dann zu einem einzigen Punkt, dem JETZT, verschmolzen. Mit dem Tod offenbart sich dir alles Wissen, und du erlebst eine umfassende und unvorstellbare Bewusstseinserweiterung.

Der Tod kann ein unendlich befreiendes Erlebnis sein. Es wird dir erst dann völlig bewusst werden, wie kostbar deine dir zur Verfügung stehende Zeit auf dem Erdenplaneten gewesen ist. Viele werden mit großem Bedauern feststellen, dass sie ihr Leben vielleicht gut geplant, aber nicht wirklich gelebt haben. Immer mehr Erdenmenschen können oder wollen ihr Leben nicht mehr sinnvoll (er)leben und verpassen dadurch die Chance ihrer Weiterentwicklung.

Du wirst auch erst bei deiner Rückkehr realisieren, was für ein großes Privileg es für eine Seele ist, in einem Körper zu wohnen. Mit einer ganz persönlichen Welt im Inneren und einem beständigen Kontakt mit einer Welt im Äußeren.

Während du in einem Körper lebst, verspürst du oft dieses unbestimmte Gefühl der Einsamkeit, des Getrenntseins. Du fühlst in diesen Situationen das Gefühl der Trennung von deiner Seelenfamilie und bist in vielen Dingen auf dich selbst gestellt. Natürlich ist das keine wirkliche Trennung, denn du bist immer mit dem Universum verbunden. Aber in bestimmten Lebenssituationen dringt diese Einsamkeit unter all den vielen Menschen immer wieder einmal unter deiner Oberfläche hervor. Stirbt deine Seele, verwandelt der Tod dein Getrenntsein in ein Gefühl des vollständigen Aufgehobenseins. Jegliche räumliche Trennung existiert nicht mehr.

Sobald die Seele den Körper verlässt, sind für sie die Gesetze von Raum und Zeit aufgelöst, und sie kann da sein, wo immer sie sich wünscht zu sein. Sie wird sich demzufolge nie an einem bestimmten Ort aufhalten, sondern überall zu finden sein.«

Calum

Ryan Ellis: Kurz nach dem Erscheinen meines Buches »sternenflüstern« habe ich durch eine gute Freundin den Brief einer verzweifelten Mutter erhalten, die mich um Hilfe für ihren vierjährigen Sohn bat.

Calum war schwerkrank, hatte kaum noch weiße Blutkörperchen und wurde von Tag zu Tag schwächer.

Ich bat das Universum um Unterstützung, erkannte aber schnell, dass die Zeit für diesen Jungen bereits gekommen war, wieder nach Hause zurückzukehren. Er hatte mit seinen vier Jahren bereits alle Aufgaben seines Lebensplanes gelöst. Aber sagen Sie das einer liebenden, angsterfüllten und verzweifelten Mutter, die sich mit jeder Faser ihres Daseins an die Hoffnung klammert, dass es doch noch eine Überlebenschance für ihren Sohn geben könnte.

Ich habe der Mutter zurückgeschrieben, dass sie durch ihr verzweifeltes Festhalten nur bewirke, dass der kleine Junge noch am Leben bliebe. Sie müsse Calum aber gehen lassen.

Nach ein paar Wochen hat mir die Mutter auf meinen Brief geantwortet. Sie erzählte mir die folgende berührende Geschichte:

> »Am Tag, an dem ich Ihren Brief erhielt, fuhr ich sofort zu Calum ins Krankenhaus. Als ich auf der Intensivstation ankam, schlief mein Sohn. Seltsamerweise stand seine Tasche gepackt neben seinem Bett. Ich fragte mich, wer von dem Pflegepersonal für meinen Jungen in seinem äußerst kritischen Zustand seine Tasche gepackt hatte. Ich war innerlich sehr aufgebracht und wütend und beschloss, mich später bei dem verantwortlichen Stationsarzt zu beschweren.
>
> Nach einer Weile wachte Calum auf.
>
> Als ich ihn fragte, wer seine Tasche gepackt und ihm gesagt habe, dass er wieder zu uns nach Hause zurückkehren könne, antwortete er leise und unter Tränen: ‚Ich habe meine Sachen selber gepackt, Mami. Aber ich kann nicht wieder mit dir in unsere Wohnung zurück. Ich muss jetzt zu meiner anderen Familie, in mein wirkliches Zuhause.'
>
> Ich spürte einen großen Schmerz in meinem Herzen, aber ich habe seine Worte sofort verstanden. Wir beide umarmten uns eine gefühlte Ewigkeit lang ganz

fest. Ich konnte nicht mehr aufhören zu weinen, aber mein Sohn sagte, dass ich nicht traurig sein müsse. Dort, wo er nun hingehen werde, sei es wunderschön.«

💧 Dein Leben ist kurz.

Fang noch heute an,
es mit Liebe zu leben.

ryan ellis

Deine Seele bleibt mit weltlichen Seelen **verbunden**

»Der Moment des Sterbens ist für jede Seele von außerordentlicher Bedeutung.

Zwischen dem Tod und der neuen Geburt im Jenseits braucht das ICH Kraft, um sich in den vielen neuen Wahrnehmungen nicht zu verlieren. Diese Kraft beziehst du aus dem Anschauen deines Lebensfilms, indem du jede Station aus deiner letzten Inkarnation noch einmal bis ins kleinste Detail erleben und fühlen kannst.

Die erste Erfahrung, die du nach deinem Sterben in unseren Dimensionen machen wirst, ist die Erkenntnis, dass du nicht tot bist und es dir sehr gut geht, weil du keine Schmerzen mehr empfindest. Du wirst deinen toten Körper sehen und all die Menschen, die um ihn herumstehen. Du möchtest in dieser Situation am liebsten immer und immer wieder allen mitteilen, dass du *nicht* tot bist.

Irgendwann wirst du von deinem Sterbeplatz weggezogen und durchquerst eine Art Tunnel, an dessen Ende du Licht sehen wirst. Es muss nicht zwingend ein Tunnel sein. Vielleich ist es eine Brücke über einen See oder eine Art Spirale, in der du hochgezogen wirst. Das sind deine eigenen Gedanken, die sich sofort manifestieren. Dieses Licht, von dem du stark angezogen sein wirst, wird dir unbeschreiblich hell und sehr intensiv erscheinen, weil es mit deiner Bewusstseinserweiterung in Verbindung steht. Du wirst ein unbeschreibliches Glücksgefühl empfinden und wissen, dass alles, was du spürst und fühlst, LIEBE ist. Wenn du die Brücke überquert hast oder den Tunnel verlässt, wirst du ein Gefühl von Frieden und Geborgenheit in dir spüren. Du siehst, dass dich andere erwarten, und du erkennst, dass du nun wieder zu Hause bist.

Nach dem Sterben können viele von euch eine Art Musik hören. Diese harmonischen und heilenden Klänge während des Übergangs in unsere Dimensionen haben einen starken Einfluss auf deine Seele. Du kannst sie mit einer gewissen feinstofflichen Energie vergleichen, welche deine Seele erneuert.

Der Übergang ins Jenseits ist an die Entwicklung deiner Seele gekoppelt. Wenn deine Seele bereits sehr stark entwickelt ist, wird sie viel schneller und leichter aus dem Körper austreten und in ihre vorbestimmte Dimension hinübergehen können.

Die Menschen, die durch einen plötzlichen Tod aus ihrem Leben gerissen werden, brauchen viel mehr Zeit für ihre

Anpassung. Viele Seelen sind nach dem Tod verwirrt und unsicher. Sie bleiben deshalb in Erdnähe. Einige von euch bleiben auf eigenen Wunsch bis zur Beerdigung in der Nähe ihres Körpers; andere, die sich unsicher fühlen oder an nichts glauben, verharren in der Grauzone, die wir die *Zwischenwelt* nennen.

Es ist wichtig, dass du weißt, dass sich die Lichterfahrung in unseren Dimensionen viel schneller einstellt, wenn du alle deine Ängste loslassen kannst. Das Jenseits ist eine Welt, die vorwiegend aus Gedanken besteht. Sobald deine Seele in unseren Dimensionen angekommen ist, verwirklichen sich deine eigenen Vorstellungen und Gedanken sofort.

Deine Seele wird auch in unseren Dimensionen dieselben persönlichen Eigenschaften und Stärken aufweisen, die sie während ihres weltlichen Lebens gehabt hat, und sie wird sich in einem ähnlichen Umfeld wiederfinden, das ihren eigenen Gedanken und Gefühlen entspricht, die sie durch ihre letzte Inkarnation geschaffen hat.

Deine Seele wird auch nach deinem Tod nie von den zurückgelassenen Erdenmenschen getrennt sein. Sobald sich deine Seele in der geistigen Welt angepasst hat, wirst du dich überallhin begeben können. Du wirst die Fähigkeit besitzen, dich, wann immer du es möchtest, in der Nähe derjenigen Menschen aufzuhalten, die du zurücklassen musstest.

Es gibt Millionen von Menschen auf eurem Erdenplaneten, die in irgendeiner Form Kontakt mit den verstorbenen Seelen haben. Dieser Kontakt vollzieht sich in vielen, völlig unterschiedlichen Ritualen und Bewusstseinsformen. Der Wunsch, diesen Kontakt aufrechtzuerhalten und dadurch die verstorbenen Seelen nicht zu vergessen, knüpft ein wunderbares Band der Liebe zwischen dem Diesseits und dem Jenseits. Im Universum ist alles mit allem verbunden. Ihr seid also niemals wirklich von etwas oder jemandem getrennt. Dies ist nur eine Illusion.

Wenn die Seele in ihrer Entwicklung in unseren Dimensionen einen gewissen Seinszustand erreicht hat, darf sich die Seele auch die Aufgabe stellen, für bestimmte Menschen auf der Erde da zu sein und diese in sämtlichen Lebensbereichen zu unterstützen.

Ihr dürft die verstorbenen Seelen immer um Hilfe bitten. Dies solltet ihr jedoch nicht unmittelbar nach ihrem Tod machen, weil sich die Seele dann immer in Erdnähe aufhalten wird, um euch in euren Ängsten und Problemen beizustehen. Die Seele sollte nach ihrem Tod aber möglichst schnell den Weg nach Hause zu ihrer Seelenfamilie zurücklegen, wo sie ihre letzte Inkarnation bewusst noch einmal wahrnehmen und mit den zuständigen Lichtwesen verarbeiten kann, um sich dann ihren neuen Aufgaben widmen zu können.

Eine Trennung zwischen den auf Erden lebenden und den jenseitigen Seelen wird es nie geben. Beide existieren nebeneinander. Nur können die Lebenden die Toten nicht sehen, aber sie können sie sehr gut unbewusst wahrnehmen und ihre Anwesenheit oft spüren.«

Deine neuen
Seelenaufgaben

»Jede Seele hat ihren eigenen, persönlichen geistigen Führer, ein Lichtwesen, das sie während ihrer ganzen Inkarnation begleitet und die Verbindung zur göttlichen Quelle damit aufrechterhält.

Dieses Lichtwesen bezeichnen viele von euch mit »Schutzengel«. Dies ist ein wunderbarer Name, der eigentlich genau das beinhaltet, weshalb diese Wesen bei euch sind. Sie beschützen euch in allen kritischen und herausfordernden Lebenssituationen und geben euch immer wieder Mut, Kraft und Energie, euch nach schweren Schicksalsschlägen wieder aufzuraffen und weiter an der Entwicklung eurer Seele zu arbeiten.

Dein für dich zuständiges Lichtwesen ist in beständigem Kontakt mit dir. Bist du bereit, dich auf deine innere Stimme einzulassen und an die Existenz deines dich beschützenden Lichtwesens zu glauben, wirst du die wunderbarsten und unglaublichsten Dinge erleben. Viele Menschen haben vor allem während ihres Schlafes einen sehr nahen Kontakt mit ihrem »Schutzengel«, weil sich ihre Seele dann außerhalb ihres Körpers befindet und die Lichtwesen sie so viel besser erreichen und beraten können.

Dein dich begleitendes und für dich bestimmtes Lichtwesen wird auch in deiner Sterbestunde bei dir sein und dir beim Übergang in unsere Dimensionen helfen. Es ist auch anwesend, wenn du deine letzte Inkarnation noch einmal »durchlebst« und für dich analysierst, wenn du wahrnehmen und fühlen kannst, was du in deinem Leben gut oder nicht richtig gemacht hast. Alle deine dadurch gewonnenen Erkenntnisse werden in deine neue Lebensaufgabe einfließen und deine weiteren Inkarnationen entscheidend beeinflussen.

Wenn du nach deiner Rückkehr eine bestimmte Zeitspanne in unseren Dimensionen verbracht und die weltlichen Aktivitäten deiner letzten Inkarnation zusammen mit den für dich zuständigen Lichtwesen reflektiert, geordnet und besprochen hast, kann bei dir der Wunsch immer stärker werden, dich wieder zu inkarnieren. Viele Seelen in unseren Dimensionen vermissen die angenehmen Aspekte, die mit den Sinnesorganen des menschlichen Körpers zusammenhängen. Der Hauptgrund für einen erneuten Inkarnationswunsch besteht aber in der Herausforderung für die Seele, sich weiterzuentwickeln und ein bestimmtes angesammeltes Karma abzutragen.

Deine neue Inkarnation und deine damit verbundenen neuen Lebensaufgaben werden bis ins kleinste Detail geplant und in deinem Lebensplan festgehalten. Dein Lebensplan beruht auf dem Entwicklungsstand deiner Seele und baut auf den Erfahrungen deiner letzten Inkarnation auf. Deine Inkarnationen basieren aber nicht auf einer linearen Abfolge aller deiner bisherigen Leben. So kann es sein, dass du in deinem jetzigen Leben etwas lernen musst, das mit einer bereits lange zurückliegenden Inkarnation zusammenhängt. Zu diesem Zeitpunkt weißt du *alles* über dich als Seele, über deine Vergangenheit und deine Zukunft. Somit kannst du klar erkennen, was es noch aufzuarbeiten gibt. Dir ist in dieser Phase bewusst, dass es deine Entscheidungen sein werden, die dich vorwärtsbringen oder dir Rückschläge verursachen werden. Mit deinem freien Willen kannst du dich in jeder Inkarnation immer für oder gegen das Licht entscheiden.

Bevor du wieder inkarnieren kannst, müssen die für dich passenden Eltern ausgesucht und vor allem das passende, kulturelle und zeitliche Umfeld für dich gefunden werden. Es sind noch weitere wichtige Entscheidungen zu treffen. Welche neuen Erfahrungen soll deine Seele in der neuen Inkarnation sammeln? Was wird die Hauptaufgabe deiner neuen Inkarnation sein? Was musst du als Seele in deinem neuen Erdenleben für deine Seelenfamilie erfüllen?

Damit du deine dir gestellten Aufgaben in einem menschlichen Körper lösen kannst, werden in deinem Lebensplan auch deine Charaktereigenschaften, deine Hautfarbe, dein Aussehen und dein Intellekt festgelegt. Es kann sogar sein, dass du ein bestimmtes Handicap oder eine bestimmte Veranlagung in Kauf nimmst, um deine Ziele zu erreichen. Für eine neue Inkarnation wirst du unter Umständen auch ganz spezifische Probleme und Herausforderungen einbauen, die große Schmerzen in deinem Leben auslösen können. Dies alles kannst du dir wahrscheinlich in deinem jetzigen Erdenleben als menschliches Wesen nicht vorstellen. Aber ohne gewisse Problemsituationen und ohne Schmerz wird kein Reifeprozess möglich sein, weder für dich noch für weitere Seelen, die mit dir in deiner nächsten Inkarnation zu tun haben. Neben deinem individuellen Lernprozess existiert auch ein gemeinsames Lernen mit anderen Seelen, mit denen du in deiner neuen Inkarnation zusammenkommen wirst.

Du darfst also deinen Lebensplan für eine Reinkarnation, die du mit vielen beteiligten Lichtwesen planst, nicht als etwas Isoliertes, als ein nur für dich geschaffenes Konzept verstehen. In deinen neuen Lebensplan sind unzählige weitere Seelen mit eingebunden, mit denen zusammen du am Ende der Planung gewisse Alternativ-Szenarien besprechen musst. Wie auch immer dein neuer Lebensplan ausschauen mag, er wird ein Plan bleiben. Dies deshalb, weil du als menschliches Wesen mit deinem freien Willen bestimmte

Dinge durch deine Gedanken, Worte und Handlungen völlig verändern und somit in gewissen Bereichen in den für dich vorgesehenen, göttlichen Plan eingreifen kannst.

Sobald deine Seele wieder in einem menschlichen Körper geboren wird, vergisst du deine bisherigen Inkarnationen. Das Kleinkind bleibt zwar in seinen ersten Lebensjahren noch stark mit uns verbunden, entfernt sich aber dann mit zunehmendem Alter mit seinem Bewusstsein immer mehr von unseren Dimensionen. Könntest du dich an alle deine vergangenen Inkarnationen erinnern, wäre es dir gar nicht mehr möglich, dich auf deine aktuelle Inkarnation zu konzentrieren. Du könntest deinen Mitmenschen nicht mehr so locker und vorurteilslos begegnen, weil du die meisten von ihnen bereits schon in früheren Inkarnationen getroffen hast. Mit den einen waren es wundervolle, mit den anderen sehr leidvolle und äußerst schmerzhafte Begegnungen.

Ob du bei der Rückkehr zu uns deinen Lebensplan erfüllt hast, liegt allein bei dir. Falls dies nicht der Fall sein sollte, wirst du in deinen weiteren Inkarnationen wieder mit ähnlichen oder den gleichen Herausforderungen konfrontiert werden.«

Ganz weit draußen,
am Ende des Regenbogens,
werde ich auf dich warten,
und wenn du dann endlich
kommst, werde ich still,
ganz still sitzen bleiben, mit
verschränkten Armen über
meinen Knien,
damit du nicht zu früh erfährst,
mit welcher Sehnsucht ich
dich erwartet habe.

N. Esser

Epilog

Obwohl wir in einer kultivierten und technisch hochentwickelten Welt leben, in der sich bereits sehr viele Lichtwesen als Seelen inkarniert haben, welche die Menschheit führen und unterstützen, befinden wir uns immer noch in einer großen Dunkelheit.

Die Zahl weltweit hungernder Menschen beträgt inzwischen Millionen, und davon sterben jeden Tag Tausende an Hunger oder hungerbezogenen Ursachen. Dreiviertel davon sind Kinder im Alter von nicht einmal fünf Jahren. Seelen, denen jegliche Chance genommen wird, ihren Lebensplan auch nur ansatzweise umzusetzen.

Die Zahl der Menschen, die vor Krieg, Konflikten und Verfolgung fliehen, war noch nie so hoch wie heute.

Gemäß Umfragen fühlt sich in den meisten europäischen Ländern jeder Dritte wegen seines Alters, seines Geschlechts, seiner Herkunft, seiner Hautfarbe oder seiner Andersartigkeit diskriminiert.

Es gibt Millionen von Menschen, die unter irgendeinem Mangel leiden und sich völlig alleine gelassen und sehr einsam fühlen.

Was läuft da falsch? Befindet sich die Entwicklung unserer Seelen zurzeit auf einer Art Rückwärtsspirale?

Tatsache ist, dass sich immer mehr Seelen auf diesem Planeten inkarnieren möchten und viele von ihnen in unserer manipulierten, materiell eingestellten und egoistischen Struktur scheitern und so ihre Lebensaufgabe nicht erfüllen und ihre vorgenommenen Aktivitäten aus ihrem Lebensplan nicht positiv umsetzen können. Aus diesem Grund möchte das Universum mit den Informationen in »sternenflüstern« und »anamon« die Menschheit wieder daran erinnern, dass alle Seelen miteinander verbunden sind und wir uns gemeinsam in Richtung Licht weiterentwickeln müssen.

Den Seelen und Lichtwesen aus anderen Dimensionen bereitet die aktuelle Lage auf unserem Erdenplaneten und die vorherrschende Gleichgültigkeit gegenüber unseren Mitmenschen und gegenüber uns selbst große Sorgen. Die bestehende Armut und die steigende Unausgewogenheit innerhalb der sozialen Schichten in diversen Ländern und Staaten, die weltweiten kriegerischen Auseinandersetzungen und die sich immer stärker ausbreitende Kriminalität wirken sich auf das ganze Universum negativ aus.

Was können Sie als Einzelperson zu einer Verbesserung der Situation beitragen? Versuchen Sie, möglichst viel von dem Wissen aus dem Buch »anamon« in Ihrem Alltag umzusetzen, auf eine Ihrer Persönlichkeit entsprechende Art und Weise. Das Universum bittet Sie, dieses Buch, das Sie gerade in Ihren Händen halten, nicht nur zu lesen, sondern die darin übermittelten Informationen aus der geistigen Welt auch zu leben. Auch wenn Sie dadurch die vorherrschende Weltlage nicht von einem Tag auf den anderen verändern können, so unterstützen Sie zumindest doch einige der Ihnen nahestehenden Seelen. Schenken Sie anderen Menschen Ihre Aufmerksamkeit, Ihre Zuwendung, Ihr Verständnis und vor allem Ihre Liebe. Jedes Mal, wenn Sie ein Lächeln oder ein Dankeschön dafür zurückerhalten, wissen Sie, dass Sie innerhalb Ihrer Seelenverbindungen wieder etwas Positives bewirken konnten.

Lassen Sie so viele Menschen wie möglich am Wissen und an den Informationen aus der geistigen Welt teilhaben. Vergessen Sie dabei aber nicht, dass alle Seelen aufgrund ihrer vergangenen Inkarnationen einen unterschiedlichen Entwicklungsstand aufweisen. Vielen Menschen bereitet es immer noch große Mühe, sich mit dem universellen Wissen anzufreunden. Sie akzeptieren nur Dinge, die Sie ihnen beweisen können. Aber das ist völlig in Ordnung. Hauptsache Sie wissen, dass es da draußen noch viel mehr gibt und wir nicht einmal einen Bruchteil von all dem nutzen und verstehen, was uns das Universum zur Verfügung stellt.

Leserinnen und Leser haben mir geschrieben, dass sie das Buch »sternenflüstern« oft bei sich tragen und es beinahe zu ihrem ständigen Begleiter geworden ist. Ein bekannter Sportler teilte mir mit, dass er »sternenflüstern« immer auf seinem Nachttisch liegen habe und oft vor dem Schlafengehen eine Seite aufschlage und das entsprechende Kapitel dazu lese. Er stelle immer wieder fest, dass es jedes Mal genau das Thema sei, das ihn im Moment beschäftige oder an dem er arbeiten müsse. Ich bin mir sicher, dass diese Vorgehensweise auch mit »anamon« hervorragend funktionieren wird.

Das Universum hat mir diese wichtigen Botschaften für *alle Seelen auf dieser Welt* übermittelt. Es macht dabei keinen Unterschied, welcher Religion oder Hautfarbe Sie angehören, wie alt Sie sind oder welchen Beruf Sie ausüben. Wir sind alle gleich. Wir sind alle Seelen und werden irgendwann alle in dasselbe Licht eintauchen. Wie oben, so unten; wie innen, so außen.

Das universelle Wissen aus »sternenflüstern« und »anamon« möchte Sie in schwierigen Lebenssituationen, in denen Sie oder Ihnen nahestehende Menschen die Verbindung zu einem göttlichen Prinzip verloren haben und mutlos und verzweifelt sind, unterstützen. Damit die Lichtwesen in Ihren Lebensplan eingreifen dürfen, muss Ihre Seele aber zuerst dazu bereit sein, um Hilfe und Unterstützung zu bitten und daran zu glauben, dass sie alles zur Verfügung gestellt bekommt, was sie zur Lösung ihres Problems benötigt.

Wir befinden uns alle auf demselben Weg. Je mehr wir über die universellen Gesetze wissen, desto schneller werden sich unsere Seelen weiterentwickeln.

Ich wünsche Ihrer Seele eine erfolgreiche Reise zurück zur göttlichen Quelle und freue mich über jedes einzelne Licht, das ich mit der Verbreitung des universellen Wissens auf diesem Planeten entzünden kann, damit die Dunkelheit endgültig dem Licht weichen wird.

Du bist die Antwort für mich,

der Anfang und das Ende.

 ryan ellis